# de la oruga
# a la mariposa

Mariposa nocturna, *Margaronia quadriculata* (China)

Pequeña mariposa de bosque, *Ideopsis gaura* (Indonesia)

Oruga de la Mariposa nocturna de los Sauces, *Leucoma salicis* (Europa y Asia)

Oruga de la mariposa nocturna Esfinge Ocelada, *Smerinthus ocellata* (Europa y Asia)

Mariposa nocturna, *Diphthera hieroglyphica* (América Central)

Mariposa nocturna Luna, *Argema mittrei* (Madagascar)

Mariposa nocturna, *Rhondoneura limatula* (Madagascar)

Mariposa Planeadora Roja, *Cymothoe coccinata* (África)

Mariposa nocturna lasiocampa, *Gloveria gargemella* (América del Norte).

Mariposa Cola de Arrendajo, *Graphium agamemnon* (Asia y Australia)

Mariposa nocturna Tigre de Jersey, *Euplagia quadripunctaria* (Asia y Australia)

Mariposa nocturna, *Composia credula* (Continente americano)

Mariposa nocturna,
*Mazuca strigitincta*
(África)

Mariposa nocturna,
*Apsarasa radians*
(India e Indonesia)

# de la oruga
# a la mariposa

por
## Paul Whalley
en asociación con el British Museum (Natural History), Londres.

Mariposa piérido
Tigre,
*Dismorphia
amphione*
(Continente
americano)

Mariposa «ala de pájaro»,
*Troides hypolitus*
(Indonesia)

Mariposa nocturna,
*Baorisa
hieroglyphica*
(India y sureste
de Asia).

Mariposa nocturna
Falsa Esfinge,
*Endromis versicolora*
(Europa)

Mariposa *Thecla
coronata*
(Suramérica)

ALTEA

# A DORLING KINDERSLEY BOOK

6.ª reimpresión: 1996

*Consejo editorial:*

Londres:
Peter Kindersley, Michele Byam, Jane Owen,
Colin Keates (Natural History Museum,
Londres), Kim Taylor y Dave King.

París:
Pierre Marchand, Jean-Olivier Héron,
Christine Baker, Anne de Bouchony,
Catherine de Sairigné-Bon.

Madrid:
Miguel Azaola, María Puncel.

*Asesoría científica:*
Dirección del Natural History Museum, Londres.

Traducido por María Puncel.

Título original: Eyewitness Encyclopedia.
Volume 6: Butterfly & Moth.

Publicado originalmente en 1988 en Gran Bretaña por
Dorling Kindersley Limited, 9 Henrietta st., London WC2E 885,

y en Francia por Éditions Gallimard, 5 rue Sébastien
Bottin, 75008 Paris.

Copyright © 1988 Dorling Kindersley Limited, Londres,
y Éditions Gallimard, París.

© 1989, Altea, Taurus, Alfaguara, S. A.

© 1992, Santillana, S. A., de la presente
edición en lengua española.
Elfo, 32. 28027 Madrid
Aguilar, Altea, Taurus, Alfaguara, S. A.
Beazley, 3860. 1437 Buenos Aires.
Aguilar, Altea, Taurus, Alfaguara, S. A. de C. V.
Av. Universidad, 767, Col. Del Valle, México, D.F. C.P. 03100
ISBN: 84-372-3709-2

Mariposa Pavo Real,
*Inachis io*
(Europa y Asia)

Mariposa nocturna, *Rhodophitus simplex*
(Suramérica)

Mariposa Rosa Emperador, *Euchroa trimeni* (Suráfrica)

Mariposa Pirálido, *Ethopia roseilinea* (Sureste de Asia)

Mariposa
nocturna Hoja
Muerta del Roble, *Gastropacha quercifolia* (Europa y Asia)

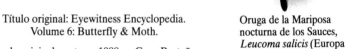

Mariposa Macaón,
*Papilio machaon*
(Norteamérica, Europa
y Asia)

Oruga de la Mariposa
nocturna de los Sauces,
*Leucoma salicis* (Europa
y Asia)

Oruga de la
mariposa
nocturna Esfinge
del Aligustre,
*Sphinx ligustri*
(Europa y Asia)

Mariposa Africana
Migradora, *Catopsilia florella* (África)

Mariposa Gigante
Azufrada, *Phoebis sennae* (Continente
americano)

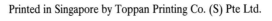

Printed in Singapore by Toppan Printing Co. (S) Pte Ltd.

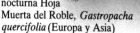

# Sumario

Emperador púrpura gigante
(Mariposa nacional
japonesa), *Sasakia
charonda* (Sureste
de Asia)

# ¿Mariposas o polillas?

Las mariposas diurnas y las mariposas nocturnas o polillas son seguramente los insectos más fácilmente reconocibles. Todas las mariposas pertenecen al orden de los Lepidópteros (de las palabras griegas «escama» y «ala») que se divide en familias de mariposas y polillas y comprende unas 150.000 especies conocidas. La división de los Lepidópteros en mariposas y polillas es bastante inexacta, se basa en una serie de diferencias: por ejemplo, la mayor parte de las mariposas vuela de día mientras que la mayor parte de las polillas vuela de noche; muchas mariposas poseen brillantes colores, muchas polillas son de colores más discretos; muchas mariposas mantienen las alas unidas y verticales cuando se posan, muchas polillas las abren y las extienden. Las antenas de las mariposas son finas, las de las polillas son, a veces, plumosas. A pesar de estas diferencias, no hay una sola característica que separe a todas las mariposas de todas las polillas. En este libro llamaremos casi siempre a las polillas mariposas nocturnas, aunque algunas de ellas vuelan de día.

Esta *Vanessa atalanta*, pintada en el siglo XVI, decora el *Libro de Horas* de Ana de Bretaña.

Las alas unidas y verticales

Resulta fácil observar las diferencias que existen entre la mariposa nocturna africana *Euchloron megaera* y la mariposa diurna *Morpho peleides* de Centroamérica. Como muchas mariposas nocturnas, la primera tiene un abdomen voluminoso y las antenas gruesas, mientras que la segunda tiene el cuerpo delgado y las antenas finas.

Antenas gruesas

Abdomen voluminoso

# Una vida corta, pero una historia larga

Resulta un poco raro pensar que alrededor de los gigantescos dinosaurios pudiesen volar graciosas mariposas nocturnas, pero fue una realidad. A través de los fósiles encontrados, se sabe que hace unos 140 millones de años ya había mariposas nocturnas; las diurnas se desarrollaron a partir de aquéllas, los fósiles más antiguos tienen unos 40 millones de años. Cuando aparecieron los primeros hombres, las mariposas ya eran como las que vemos ahora.

Este ejemplar de *Prodyas persephone* tiene 40 millones de años y fue encontrado en el yacimiento de fósiles del Lago Florissant, Colorado, Estados Unidos.

Los antiguos egipcios creían que los muertos podían cazar aves y ver mariposas en las cercanías de las riberas del Nilo.

# Los Lepidópteros y los otros insectos

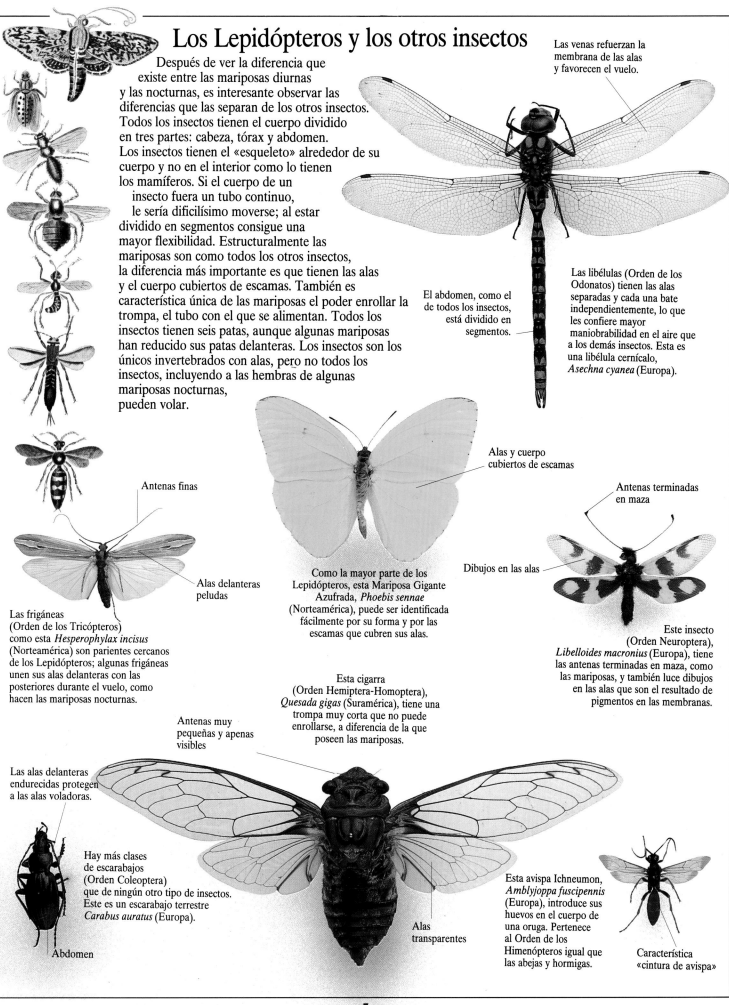

Después de ver la diferencia que existe entre las mariposas diurnas y las nocturnas, es interesante observar las diferencias que las separan de los otros insectos. Todos los insectos tienen el cuerpo dividido en tres partes: cabeza, tórax y abdomen. Los insectos tienen el «esqueleto» alrededor de su cuerpo y no en el interior como lo tienen los mamíferos. Si el cuerpo de un insecto fuera un tubo continuo, le sería dificilísimo moverse; al estar dividido en segmentos consigue una mayor flexibilidad. Estructuralmente las mariposas son como todos los otros insectos, la diferencia más importante es que tienen las alas y el cuerpo cubiertos de escamas. También es característica única de las mariposas el poder enrollar la trompa, el tubo con el que se alimentan. Todos los insectos tienen seis patas, aunque algunas mariposas han reducido sus patas delanteras. Los insectos son los únicos invertebrados con alas, pero no todos los insectos, incluyendo a las hembras de algunas mariposas nocturnas, pueden volar.

Las venas refuerzan la membrana de las alas y favorecen el vuelo.

El abdomen, como el de todos los insectos, está dividido en segmentos.

Las libélulas (Orden de los Odonatos) tienen las alas separadas y cada una bate independientemente, lo que les confiere mayor maniobrabilidad en el aire que a los demás insectos. Esta es una libélula cernícalo, *Asechna cyanea* (Europa).

Antenas finas

Alas y cuerpo cubiertos de escamas

Antenas terminadas en maza

Dibujos en las alas

Alas delanteras peludas

Las frigáneas (Orden de los Tricópteros) como esta *Hesperophylax incisus* (Norteamérica) son parientes cercanos de los Lepidópteros; algunas frigáneas unen sus alas delanteras con las posteriores durante el vuelo, como hacen las mariposas nocturnas.

Como la mayor parte de los Lepidópteros, esta Mariposa Gigante Azufrada, *Phoebis sennae* (Norteamérica), puede ser identificada fácilmente por su forma y por las escamas que cubren sus alas.

Este insecto (Orden Neuroptera), *Libelloides macronius* (Europa), tiene las antenas terminadas en maza, como las mariposas, y también luce dibujos en las alas que son el resultado de pigmentos en las membranas.

Esta cigarra (Orden Hemiptera-Homoptera), *Quesada gigas* (Suramérica), tiene una trompa muy corta que no puede enrollarse, a diferencia de la que poseen las mariposas.

Antenas muy pequeñas y apenas visibles

Las alas delanteras endurecidas protegen a las alas voladoras.

Hay más clases de escarabajos (Orden Coleoptera) que de ningún otro tipo de insectos. Este es un escarabajo terrestre *Carabus auratus* (Europa).

Abdomen

Alas transparentes

Esta avispa Ichneumon, *Amblyjoppa fuscipennis* (Europa), introduce sus huevos en el cuerpo de una oruga. Pertenece al Orden de los Himenópteros igual que las abejas y hormigas.

Característica «cintura de avispa»

# La vida de una mariposa

EL CICLO VITAL DE UNA MARIPOSA tiene cuatro etapas: huevo, oruga, crisálida y mariposa. La duración del ciclo vital, del huevo a la mariposa, varía enormemente según las especies. Puede durar unas pocas semanas, si el insecto vive en lugares de altas temperaturas, como graneros, por ejemplo; esto les ocurre a las mariposas nocturnas Pirálidos. Otras mariposas nocturnas pueden vivir durante varios años.

A veces, la mayor parte del ciclo pasa oculto a los ojos humanos. Por ejemplo, la mayor parte de la vida de una Mariposa nocturna de los Minadores de Hojas transcurre entre la parte superior y la inferior de la superficie de una hoja y solamente el adulto sale al mundo exterior.

Las larvas de la familia de los Cósidos, mariposas nocturnas, pueden pasar meses, e incluso años como orugas y escondidas dentro de un árbol. Otras especies pasan su vida entera menos escondidas y se defienden de sus predadores camuflándose o siendo de sabor desagradable.

Unas especies realizan más mudas que otras durante la etapa de oruga. Estas páginas muestran el ciclo vital de una Mariposa Búho de Suramérica, *Caligo beltrao* (ver también págs. 16, 23, 35).

Oruga joven con la piel nueva verde.

Oruga vieja, a punto de hacerse crisálida, la piel es parda.

### 1 HUEVOS

Los huevos de la Mariposa Búho tienen finas estrías que se unen en la parte alta. Las estrías y la estructura de la cáscara (una envoltura resistente como la de los huevos de gallina), están preparadas para defender el huevo de la pérdida de agua y, al mismo tiempo, permitirle «respirar» (págs. 12-13).

### 2 ORUGAS

En cuanto la oruga nace, empieza a comer y crece rápidamente. Para crecer tiene que mudar de piel; se sale de la vieja y ya tiene una nueva debajo que se estira y le permite alargarse después de cada muda. Algunas especies de *Caligo* dañan los cultivos de bananas en América Central y del Sur. La forma alargada de la oruga le permite disimularse pegándose a la vena central de la hoja en que come (pág. 16).

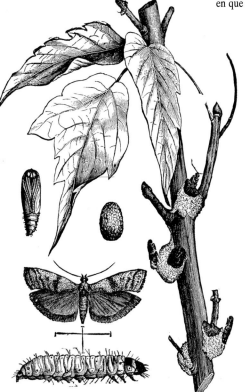

La mariposa nocturna carnívora, *Laetilia coccidivora* (Continente americano), tiene un ciclo vital semejante al de las otras mariposas nocturnas (págs. 36-37). La única diferencia es que la oruga come cochinillas y pulgones que caza moviéndose por la planta.

El ciclo vital de la Mariposa India de la Seda, *Samia cynthia*, queda reflejado en esta ilustración. Es una mariposa nocturna, así que teje un capullo en el que hacerse crisálida (págs. 38-39). La oruga se alimenta de diversas plantas, una de ellas el ricino, *Ricinus* (a la derecha).

Las mariposas *Polygonia comma* (Norteamérica) y *Polygonia c-album* (Europa y Asia) son parientes cercanas. Sus orugas se alimentan de ortigas, *Urtica*, y lúpulo, *Humulus*, y las mariposas adultas, que emergen a finales del verano o en otoño, hibernan durante el invierno (pág. 51).

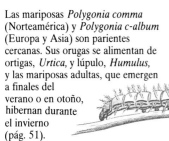
Oruga de Comma

Crisálida de Comma

El nombre latino de la Mariposa Comma deriva de la pequeña mancha blanca en forma de C que tiene en las alas.

Mariposa Comma con las alas desplegadas; los dibujos de sus alas muestran una rica combinación de marrones y naranjas.

Hilos de seda

Orificio de respiración

Cabeza

### 5 LA MARIPOSA

La mariposa, tan diferente de la oruga, sale de la crisálida, extiende las alas y se prepara para volar (pág. 35). Algunas especies de mariposas sólo viven durante unas pocas semanas, otras sobreviven durante todo un año. Al cabo de un tiempo, las alas empiezan a mostrar desperfectos a causa del uso o de accidentes; todavía son útiles para el vuelo, pero menos eficaces.
El cometido de la mariposa es reproducirse y depositar los huevos en el lugar más adecuado para que puedan desarrollarse. Las mariposas buscan nuevas áreas en las que instalar a su especie y algunas pueden volar largas distancias. Generalmente se aparean tan pronto como les es posible después de emerger (págs. 10-11).

Mariposa Búho vieja alimentándose sobre una fruta. Sus alas están ya deterioradas.

### 3 LA ÚLTIMA MUDA

La oruga ha llegado a su máximo crecimiento (págs. 20-21) y está ligeramente más oscura; utilizando la glándula serígena que tiene bajo la cabeza, pega a la planta una pequeña almohadilla de seda. Se sujeta a esta almohadilla con los ganchos de sus patas posteriores y se cuelga cabeza abajo. Por debajo de su piel se está formando ya la piel de su última muda, la piel de la crisálida o pupa. Poco a poco, después de mucho retorcerse, consigue deshacerse de la vieja piel, patas, cabeza y todo, y aparece la piel completa de la crisálida.

### 4 LA CRISÁLIDA

La crisálida (págs. 22-23) está ya completamente formada, dentro, el cuerpo de la oruga empieza su transformación. Células especiales se distribuyen por las diversas partes para formar a la mariposa. El cambio de oruga a mariposa es uno de los hechos más sorprendentes del mundo natural. En cada uno de los segmentos del cuerpo de la crisálida hay un orificio de respiración, pues aunque parece inactiva, necesita energía para todos los cambios que se están produciendo en su interior.

# Apareamiento y puesta de los huevos

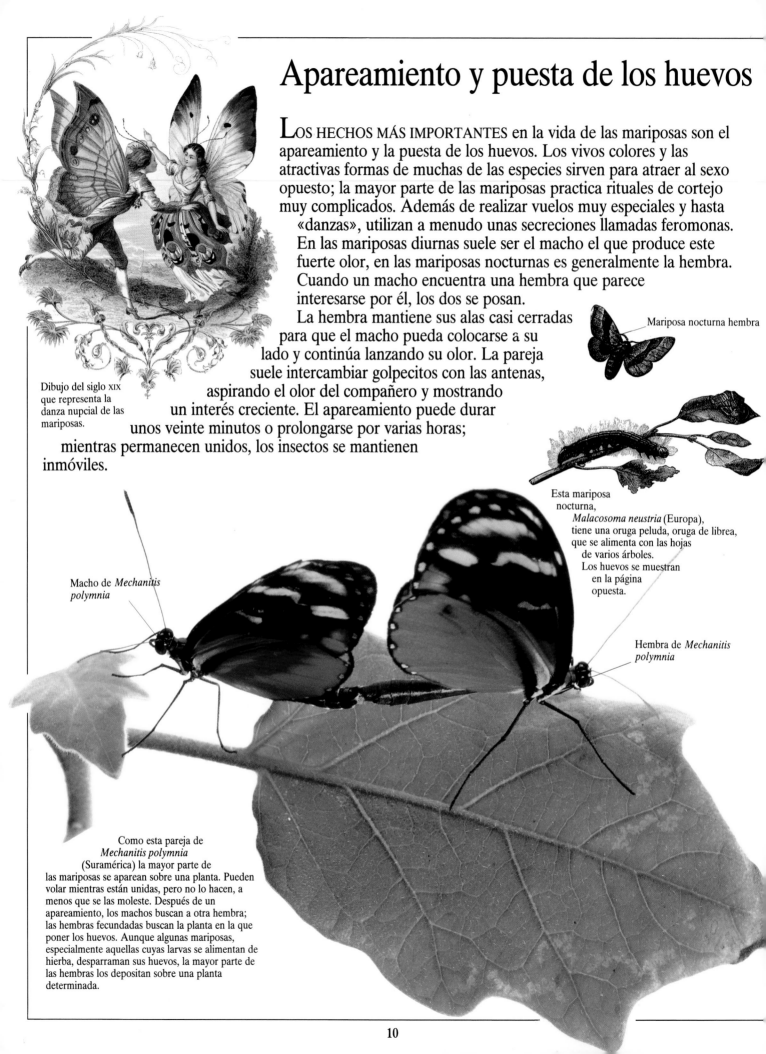

Los HECHOS MÁS IMPORTANTES en la vida de las mariposas son el apareamiento y la puesta de los huevos. Los vivos colores y las atractivas formas de muchas de las especies sirven para atraer al sexo opuesto; la mayor parte de las mariposas practica rituales de cortejo muy complicados. Además de realizar vuelos muy especiales y hasta «danzas», utilizan a menudo unas secreciones llamadas feromonas. En las mariposas diurnas suele ser el macho el que produce este fuerte olor, en las mariposas nocturnas es generalmente la hembra. Cuando un macho encuentra una hembra que parece interesarse por él, los dos se posan.

La hembra mantiene sus alas casi cerradas para que el macho pueda colocarse a su lado y continúa lanzando su olor. La pareja suele intercambiar golpecitos con las antenas, aspirando el olor del compañero y mostrando un interés creciente. El apareamiento puede durar unos veinte minutos o prolongarse por varias horas; mientras permanecen unidos, los insectos se mantienen inmóviles.

Dibujo del siglo XIX que representa la danza nupcial de las mariposas.

Mariposa nocturna hembra

Esta mariposa nocturna, *Malacosoma neustria* (Europa), tiene una oruga peluda, oruga de librea, que se alimenta con las hojas de varios árboles. Los huevos se muestran en la página opuesta.

Macho de *Mechanitis polymnia*

Hembra de *Mechanitis polymnia*

Como esta pareja de *Mechanitis polymnia* (Suramérica) la mayor parte de las mariposas se aparean sobre una planta. Pueden volar mientras están unidas, pero no lo hacen, a menos que se las moleste. Después de un apareamiento, los machos buscan a otra hembra; las hembras fecundadas buscan la planta en la que poner los huevos. Aunque algunas mariposas, especialmente aquellas cuyas larvas se alimentan de hierba, desparraman sus huevos, la mayor parte de las hembras los depositan sobre una planta determinada.

Esto puede parecer una mariposa de dos cabezas. La posición cola contra cola une los genitales de la hembra y del macho. El macho posee unas complicadas estructuras que incluyen unos ganchos que utiliza para agarrarse al abdomen de la hembra. La observación de los aparatos genitales de las mariposas es uno de los métodos más útiles para identificar las especies.

Los machos y las hembras de muchas mariposas tienen un aspecto externo muy diferente, esta diversidad se conoce como dimorfismo sexual. Un ejemplo de esto es la *Antocharis cardamines* (Europa y Asia) en la que el macho luce una mancha de color naranja en la punta de las alas, mientras que la hembra tiene manchas pardo oscuro. En bastantes especies, la hembra es mucho más grande que el macho; las hembras de algunas especies de mariposas nocturnas no vuelan (pág. 30).

Hembra, mariposa Papilio asiática

Macho, mariposa Papilio asiática

El macho tiene una mancha color naranja en la punta de sus alas.

La mancha de las alas de la hembra es pardo oscuro.

# La puesta de los huevos

La mariposa elige la planta y se posa sobre una hoja; camina sobre ella y la examina con cuidado, como si quisiera comprobar que es efectivamente la adecuada para que sobre ella nazcan las orugas. Se sabe que muchas especies pueden detectar los productos químicos que identifican cada planta. Las comedoras de col, *Pieris brassicae* (Europa) y *Pieris rapae* (Europa, Norteamérica y Australia), fueron inducidas a poner sus huevos sobre hojas, que sus orugas no podrían comer, poniendo en ellas extracto de hojas de col.

La mariposa del «gusano de seda» pone sus huevos sobre una hoja de morera. En estado silvestre muy pocos de los huevos que pone la hembra llegan a adultos. En crianza artificial, la mayor parte de los huevos llegan a ser mariposas (págs. 40-41).

Esta mariposa Piérido centroamericana, *Perrhybris pyrra*, está poniendo huevos sobre la superficie de una hoja. Este es un momento muy delicado para ella, una tormenta fuerte puede interrumpir la puesta.

Huevo

Algunas especies de mariposas *Heliconius* ponen sus huevos en la punta del zarcillo de la flor de pasión (arriba); la *Melacosoma Neustria* que aparece en la página opuesta pone los huevos alrededor de una ramilla de modo que parece que forman parte de ella (abajo).

Huevos

Estos huevos de la Mariposa Mormón Azul, *Papilio polymnestor* (Asia), se han oscurecido y están a punto de abrirse. Las diminutas orugas aparecerán pronto (pág. 18). Una Mormón Azul pone sus huevos bastante separados en vez de en un solo grupo, con lo que hay más probabilidades de que no los descubran los insectos predadores que se los comerían.

Huevos bajo una hoja

11

# Nacimiento de la oruga

LAS MARIPOSAS ponen habitualmente gran cantidad de huevos. El número es muy variado; algunas hembras ponen más de 1.000, aunque sólo unos pocos llegarán a convertirse en adultos. Los huevos se diferencian mucho en color y aspecto de unas especies a otras. Hay dos tipos principales: uno tiene forma oval y es más bien aplastado y con la superficie lisa, el otro es más abultado y suele tener dibujos estriados en la superficie. En la mayor parte de los casos, la hembra pone los huevos sobre una hoja o en una rama (págs. 10-11), pero algunas especies, especialmente las comedoras de hierba, dejan caer los huevos mientras vuelan. Ambos métodos tienden a colocar a las orugas lo más cerca posible de las plantas que las alimentarán. Esta doble página muestra a la oruga de la Mariposa Búho suramericana (págs. 8-9, 16, 23 y 25) saliendo de su huevo.

El dibujo estriado puede servir para identificar el huevo.

La Mariposa Búho pone sus huevos en grupos. El color de cada huevo puede ser distinto en esta especie. Todos se vuelven más oscuros cuando está próximo el nacimiento de la oruga.

Tamaño real del huevo.

Los huevos que muchas mariposas de climas templados ponen en otoño pasan por un período de reposo llamado «diapausa», durante el invierno. Este estado de reposo puede interrumpirse a causa de temperaturas bajas o muy cambiantes.

El color más oscuro indica que el huevo está a punto de abrirse.

Cuando la diapausa invernal se ha interrumpido y las temperaturas suben lo suficiente como para que la oruga tenga probabilidades de sobrevivir, el huevo se oscurece y la pequeña oruga se prepara para emerger.

Para salir del huevo, la oruga tiene que morder la cáscara. No es tan quebradiza y consistente como la del huevo de gallina, pero sí lo bastante dura como para suponer un trabajo arduo para la diminuta oruga. Tiene que morder un círculo por el que pueda sacar la cabeza.

La oruga parece tener una cabeza y unas mandíbulas desproporcionadamente grandes, pero necesita esta capacidad mordedora para abrir un agujero en la cáscara de su huevo. Le supone un gran esfuerzo liberar la cabeza, primero, y luego, el resto del cuerpo.
Los puntos oscuros que tiene a cada lado de la cabeza son ojos simples y se llaman ocelos. La oruga tiene, además, dos diminutas antenas con las que puede tantear y «sentir» el mundo que la rodea.

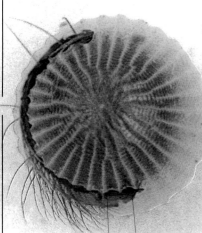

La cabeza de la oruga empieza a salir.

Abertura que la oruga ha mordido con sus mandíbulas.

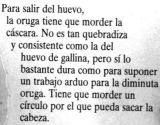

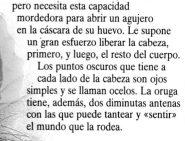

Ocelos

Antena

Cabeza

Huevo

**NOTA**
Las secuencias de las fotografías
pequeñas muestran otro huevo de
Mariposa Búho desde un ángulo
diferente.

Tórax

Abdomen

La oruga se tuerce y se retuerce
trabajando para salir del huevo. En estos
momentos es muy vulnerable y cualquier predador puede
acabar con ella; así que cuanto más rápidamente
se libere del huevo, más probabilidades tiene
de sobrevivir. A medida que el cuerpo sale,
se hace más patente la desproporción que hay
entre la cabeza y el resto de la oruga.

Orificio respiratorio

Huevo

Tórax

Ocelos

Cuanto mayor es la parte del
cuerpo que ha salido, más fácil
resulta la salida del resto.

Ya sólo quedan dentro
del huevo los garfios posteriores.
A esta altura, la oruga puede ejercer mucha más presión
apoyándose con las patas delanteras en la hoja (fotografía
pequeña), así que no le resulta difícil liberar el resto
del cuerpo. El tener el cuerpo dividido en segmentos
permite a la oruga torcerse en todas direcciones,
lo que le ayuda en esta operación.

La cabeza está cubierta
de pelos.

Antena

Abdomen

Patas

Mandíbula

Tan pronto como ha salido del huevo,
la oruga empieza a comérselo. Muchas orugas no
pueden desarrollarse bien si no se han comido el huevo,
que contiene elementos nutritivos que son esenciales
para el crecimiento del insecto.

Garfios
posteriores

Las estrías del huevo le permiten
mantener su forma, aunque ya esté vacío.

# Las orugas

S E SUELE DAR POCA IMPORTANCIA a las orugas pensando que son simplemente «un tubo digestivo» cuando en realidad es una etapa interesante y compleja de la vida del insecto. Las orugas llevan en sus cuerpos las células que, en su momento, producirán un insecto adulto o mariposa. Mudan varias veces durante su vida, desechando la piel exterior para dar paso a la interior, más flexible, que les permite crecer. Las orugas son generalmente muy activas y necesitan mucha comida y oxígeno para mantenerse y crecer. No tienen pulmones como los mamíferos, toman aire a través de los orificios respiratorios que tienen en los costados. El aire pasa a lo largo de unos finos tubos, las traqueolas, desde los cuales el oxígeno pasa a los fluidos del cuerpo. Las orugas tienen un sistema nervioso con un primitivo «cerebro», o ganglio cerebral, en la cabeza. La cabeza está equipada con unos órganos sensoriales que permiten a la oruga saber lo que está ocurriendo en su entorno. Estos órganos son: unas cortas antenas y, a menudo, un semicírculo de ojos simples, u ocelos, sensibles a la luz. También están en la cabeza las poderosas mandíbulas que necesitan para comer plantas. Un órgano importante que poseen las orugas y que no tienen las mariposas es la glándula serígena, que produce la seda; está situada debajo de la cabeza (págs. 40-41).

La oruga hablando con Alicia, o *Alicia en el país de las maravillas*, de Lewis Carroll.

Espina o cuerno al final del abdomen.

Abdomen

Patas abdominales

Garfio anal

**ORUGA DE LA MARIPOSA NOCTURNA ESFINGE DE LA CALAVERA (la mariposa está debajo).**

La Mariposa nocturna del Galio, o Cuajaleches, *Celerio galii,* se alimenta del galio, como su nombre indica. Esta mariposa se encuentra en toda Europa y Asia, aunque no pasa el invierno en las zonas más nórdicas. Una especie similar norteamericana es la plaga del tomate conocida como Esfinge Carolina, *Manduca sexta.*

La mariposa nocturna Esfinge de la Calavera, *Acherontia atropos* (Europa, Asia y África) recibe ese nombre por la mancha en forma de calavera que lleva en el dorso. La mariposa produce un leve chirrido, si se la toca; la oruga sólo puede lanzar un suave chasquido.

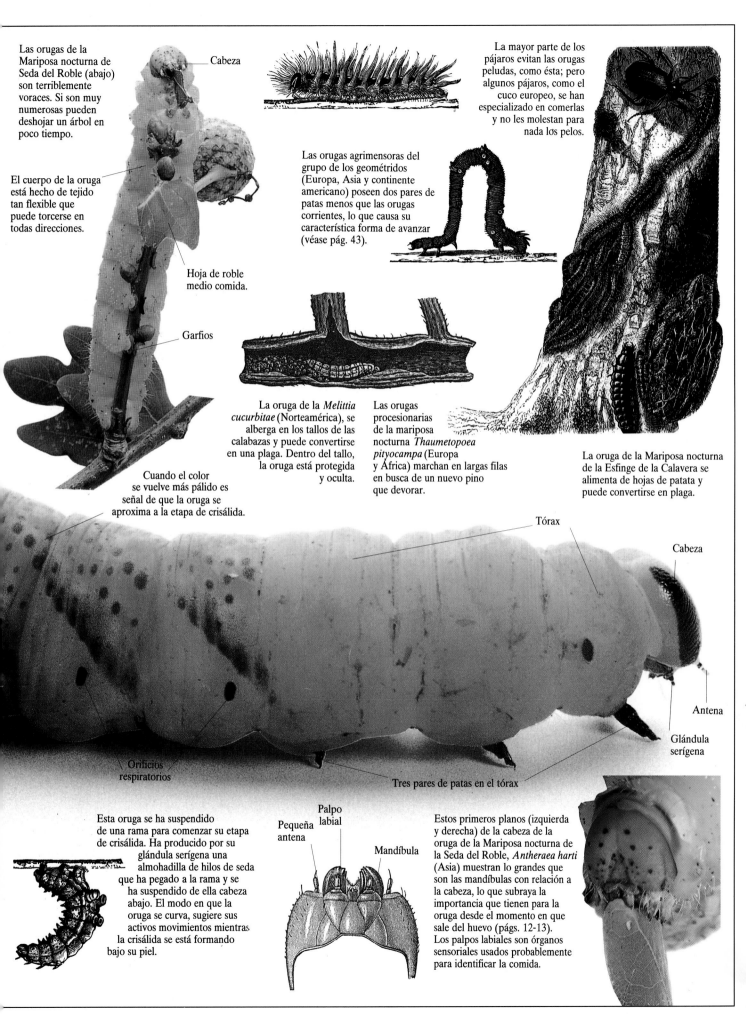

Las orugas de la Mariposa nocturna de Seda del Roble (abajo) son terriblemente voraces. Si son muy numerosas pueden deshojar un árbol en poco tiempo.

Cabeza

El cuerpo de la oruga está hecho de tejido tan flexible que puede torcerse en todas direcciones.

Hoja de roble medio comida.

Garfios

Cuando el color se vuelve más pálido es señal de que la oruga se aproxima a la etapa de crisálida.

Las orugas agrimensoras del grupo de los geométridos (Europa, Asia y continente americano) poseen dos pares de patas menos que las orugas corrientes, lo que causa su característica forma de avanzar (véase pág. 43).

La oruga de la *Melittia cucurbitae* (Norteamérica), se alberga en los tallos de las calabazas y puede convertirse en una plaga. Dentro del tallo, la oruga está protegida y oculta.

Las orugas procesionarias de la mariposa nocturna *Thaumetopoea pityocampa* (Europa y África) marchan en largas filas en busca de un nuevo pino que devorar.

La mayor parte de los pájaros evitan las orugas peludas, como ésta; pero algunos pájaros, como el cuco europeo, se han especializado en comerlas y no les molestan para nada los pelos.

La oruga de la Mariposa nocturna de la Esfinge de la Calavera se alimenta de hojas de patata y puede convertirse en plaga.

Tórax

Cabeza

Antena

Glándula serígena

Orificios respiratorios

Tres pares de patas en el tórax

Esta oruga se ha suspendido de una rama para comenzar su etapa de crisálida. Ha producido por su glándula serígena una almohadilla de hilos de seda que ha pegado a la rama y se ha suspendido de ella cabeza abajo. El modo en que la oruga se curva, sugiere sus activos movimientos mientras la crisálida se está formando bajo su piel.

Palpo labial

Pequeña antena

Mandíbula

Estos primeros planos (izquierda y derecha) de la cabeza de la oruga de la Mariposa nocturna de la Seda del Roble, *Antheraea harti* (Asia) muestran lo grandes que son las mandíbulas con relación a la cabeza, lo que subraya la importancia que tienen para la oruga desde el momento en que sale del huevo (págs. 12-13). Los palpos labiales son órganos sensoriales usados probablemente para identificar la comida.

# Orugas exóticas

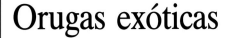

Las orugas de muchas mariposas nocturnas de la familia de los Árctidos son peludas y pueden ocasionar reacciones alérgicas a algunas personas.

ADEMÁS DE SER CAPACES de comer y crecer, las orugas deben poder sobrevivir en un mundo hostil. Los pájaros las buscan sin cesar para alimentar con ellas a sus pequeños y esto supone un peligro continuo; por eso las orugas han adoptado para sobrevivir una amplia variedad de formas y mecanismos de protección. Las orugas que aparecen en las cuatro páginas siguientes viven en países tropicales (véase también págs. 32-35 y 44-47) donde, como en el resto del entorno natural, «comer o ser comido» es la regla. No sólo los pájaros y ciertos mamíferos disfrutan comiéndose una deliciosa oruga, también lo hacen algunos insectos. Afortunadamente para las orugas, muchas de las especies tropicales se alimentan de plantas cuyo contenido puede resultar venenoso para los predadores. Muchas orugas escapan a la muerte, absorbiendo estos venenos, que a ellas no les dañan, y advirtiendo a través de sus brillantes colores que saben y que pueden sentar mal.

Mariposa Búho, *Caligo beltrao* (Sur y Centroamérica).

Estas orugas no han alcanzado todavía su mayor tamaño.

*Dryas iulia* (continente americano).

La vistosa oruga de la *Danaus chrysippus*, como la de su pariente la Monarca, no puede pasar inadvertida.

Es posible que los filamentos que sobresalen de su cuerpo le presten protección esparciendo a su alrededor un olor desagradable.

*Danaus chrysippus* (África, sureste de Asia y Australia).

El colorido de estas orugas de Mariposa Búho (véase págs. 8-9) les permite disimularse a lo largo de la vena central de la hoja. Las orugas tienen en la cabeza y en la cola una serie de filamentos que probablemente les sirven para hacer su silueta menos visible.

Las rayas de color vivo son un aviso para sus enemigos.

Planta de la flor de pasión, *Passiflora.*

*Heliconius melpomene* (Sudamérica).

Oruga de la Mariposa Monarca, *Danaus plexippus* (Australia y continente americano).

Filamentos

La oruga de la Mariposa Monarca puede retener veneno de la planta que come, *Asclepias curassavica;* el pájaro que haya picado una de estas mariposas no volverá probablemente a hacerlo.

La oruga de la *Hypolimnas bolina*, una mariposa que se encuentra en Asia y en la región del Pacífico, se alimenta de plantas tan diversas como malvas y ciertos tipos de margaritas. La mariposa copia a menudo los colores de otras mariposas de sabor desagradable para protegerse (véase págs. 56-57, mimetismo).

Mariposa *Hypolimnas bolina*

Oruga provista de largas espinas características de los Heliconiidos.

Oruga espinosa

El color rojo, casi siempre indica que la oruga es venenosa.

Oruga de la *Hypolimnas bolina* (sureste de Asia y Australia).

Las mariposas Heliconiides de más vistosos colores aparecen en el sur de Estados Unidos y en América Central y del Sur. Todas ellas se alimentan con las hojas venenosas de la pasionaria.

Mariposa Cartero

Mariposa *Dryas iulia*

Se cree que las orugas de la *Mechanitis polymnia* (Suramérica), absorben sustancias venenosas de las plantas en que se alimentan. Los venenos no dañan ni a la oruga ni a la mariposa, pero tienen un sabor muy desagradable para los pájaros y otros predadores.

Oruga Cebra

Mariposa *Mechanitis polymnia*

Oruga Cebra, *Heliconius charitonius* (continente americano).

A diferencia de muchas especies de orugas, la de la *Mechanitis polymnia* prefiere vivir y comer en grupos.

Las orugas de muchas mariposas *Papilio* tienen un órgano en forma de Y detrás de la cabeza. Cuando la oruga se siente agredida, lanza fuera dos glándulas como dos dedos, que emiten un olor desagradable.

Oruga de la *Papilio polytes* (sureste de Asia).

El órgano en forma de Y se conoce con el nombre de osmeterium, está detrás de la cabeza de la oruga, pero no se ve en la fotografía.

Algunas orugas *Papilio* se alzan amenazadoramente cuando se las molesta.

Orugas de la *Mechanitis polymnia* (Suramérica).

*Continúa en la página siguiente.*

17

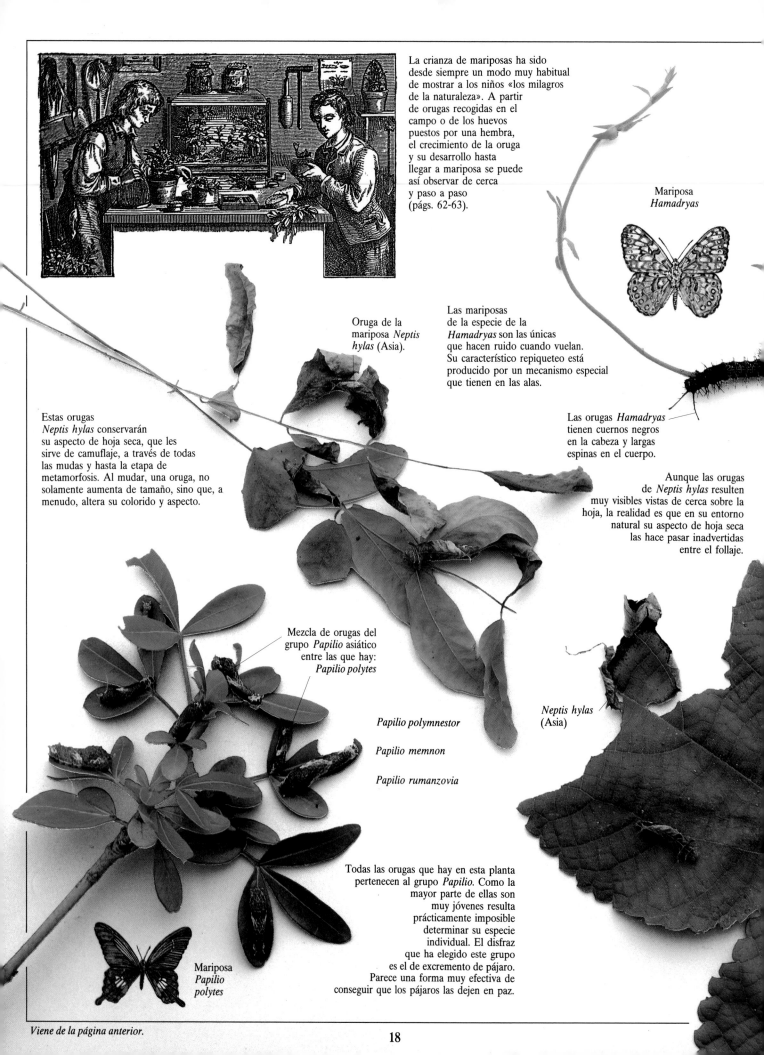

La crianza de mariposas ha sido desde siempre un modo muy habitual de mostrar a los niños «los milagros de la naturaleza». A partir de orugas recogidas en el campo o de los huevos puestos por una hembra, el crecimiento de la oruga y su desarrollo hasta llegar a mariposa se puede así observar de cerca y paso a paso (págs. 62-63).

Mariposa *Hamadryas*

Oruga de la mariposa *Neptis hylas* (Asia).

Las mariposas de la especie de la *Hamadryas* son las únicas que hacen ruido cuando vuelan. Su característico repiqueteo está producido por un mecanismo especial que tienen en las alas.

Estas orugas *Neptis hylas* conservarán su aspecto de hoja seca, que les sirve de camuflaje, a través de todas las mudas y hasta la etapa de metamorfosis. Al mudar, una oruga, no solamente aumenta de tamaño, sino que, a menudo, altera su colorido y aspecto.

Las orugas *Hamadryas* tienen cuernos negros en la cabeza y largas espinas en el cuerpo.

Aunque las orugas de *Neptis hylas* resulten muy visibles vistas de cerca sobre la hoja, la realidad es que en su entorno natural su aspecto de hoja seca las hace pasar inadvertidas entre el follaje.

Mezcla de orugas del grupo *Papilio* asiático entre las que hay: *Papilio polytes*

*Papilio polymnestor*

*Papilio memnon*

*Papilio rumanzovia*

*Neptis hylas* (Asia)

Todas las orugas que hay en esta planta pertenecen al grupo *Papilio*. Como la mayor parte de ellas son muy jóvenes resulta prácticamente imposible determinar su especie individual. El disfraz que ha elegido este grupo es el de excremento de pájaro. Parece una forma muy efectiva de conseguir que los pájaros las dejen en paz.

Mariposa *Papilio polytes*

*Viene de la página anterior.*

18

De todas las orugas tropicales de esta página la única que corresponde a una mariposa nocturna es la de la Esfinge de Banda Plateada. Para protegerse tiene un cuerno negro al final del dorso y un terrorífico aspecto gracias a unos «ojos» ribeteados de amarillo que lleva sobre la espalda.

Tiene el típico cuerno que caracteriza a todas las esfinges y que es en realidad una larga espina inofensiva.

Oruga de la Mariposa nocturna Esfinge Plateada, *Hippotion celerio* (Europa, África, Asia y Australia).

Oruga Leopardo, *Phalantha phalantha* (África y Asia).

Mariposa nocturna Esfinge de Banda Plateada

*Hamadryas amphinome* (Centro y Sudamérica).

Aunque su aspecto no resulta verdaderamente muy agresivo, el nombre popular para esta especie de mariposa es Leopardo. Igual que las orugas *Heliconius* de las págs. 16 y 17, las Leopardos son miembros de la familia de los Ninfálidos, las orugas pueden reconocerse gracias a las espinas.

*Hamadryas feronia* (Centro y Suramérica, a veces Texas).

Aunque parece ya inevitable que el lagarto se la coma, todavía es posible que la oruga se salve, si tiene espinas o mal sabor o si se deja caer al suelo y puede ocultarse.

*Hamadryas guatemalena* (Centroamérica y, a veces, Texas).

# De la oruga a la crisálida

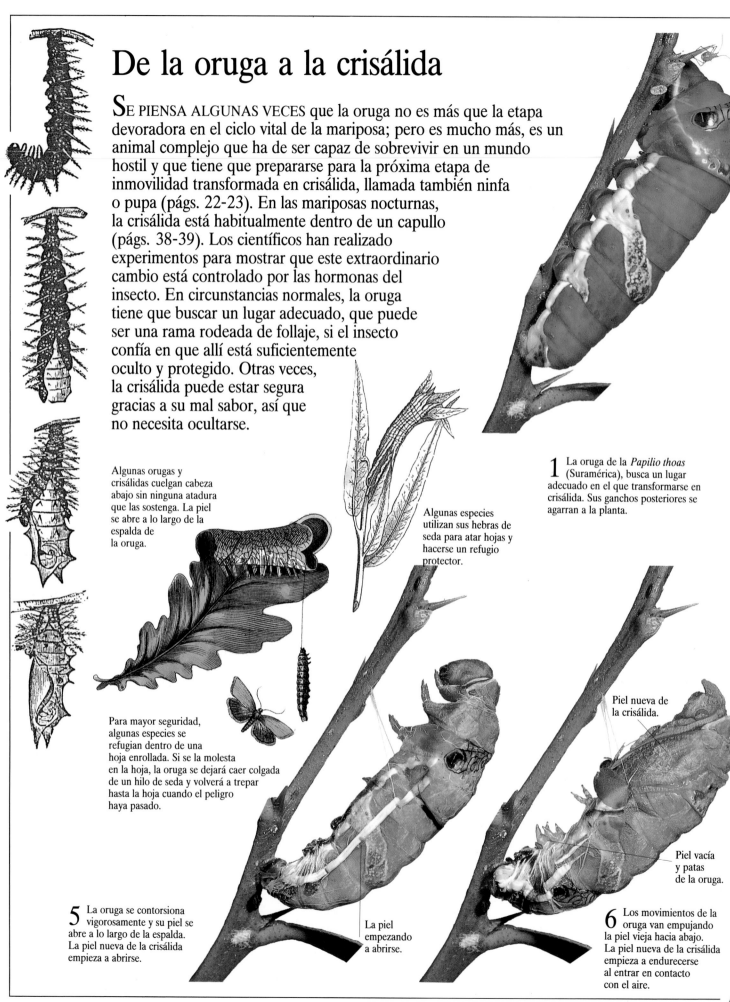

SE PIENSA ALGUNAS VECES que la oruga no es más que la etapa devoradora en el ciclo vital de la mariposa; pero es mucho más, es un animal complejo que ha de ser capaz de sobrevivir en un mundo hostil y que tiene que prepararse para la próxima etapa de inmovilidad transformada en crisálida, llamada también ninfa o pupa (págs. 22-23). En las mariposas nocturnas, la crisálida está habitualmente dentro de un capullo (págs. 38-39). Los científicos han realizado experimentos para mostrar que este extraordinario cambio está controlado por las hormonas del insecto. En circunstancias normales, la oruga tiene que buscar un lugar adecuado, que puede ser una rama rodeada de follaje, si el insecto confía en que allí está suficientemente oculto y protegido. Otras veces, la crisálida puede estar segura gracias a su mal sabor, así que no necesita ocultarse.

Algunas orugas y crisálidas cuelgan cabeza abajo sin ninguna atadura que las sostenga. La piel se abre a lo largo de la espalda de la oruga.

Algunas especies utilizan sus hebras de seda para atar hojas y hacerse un refugio protector.

**1** La oruga de la *Papilio thoas* (Suramérica), busca un lugar adecuado en el que transformarse en crisálida. Sus ganchos posteriores se agarran a la planta.

Para mayor seguridad, algunas especies se refugian dentro de una hoja enrollada. Si se la molesta en la hoja, la oruga se dejará caer colgada de un hilo de seda y volverá a trepar hasta la hoja cuando el peligro haya pasado.

Piel nueva de la crisálida.

Piel vacía y patas de la oruga.

**5** La oruga se contorsiona vigorosamente y su piel se abre a lo largo de la espalda. La piel nueva de la crisálida empieza a abrirse.

La piel empezando a abrirse.

**6** Los movimientos de la oruga van empujando la piel vieja hacia abajo. La piel nueva de la crisálida empieza a endurecerse al entrar en contacto con el aire.

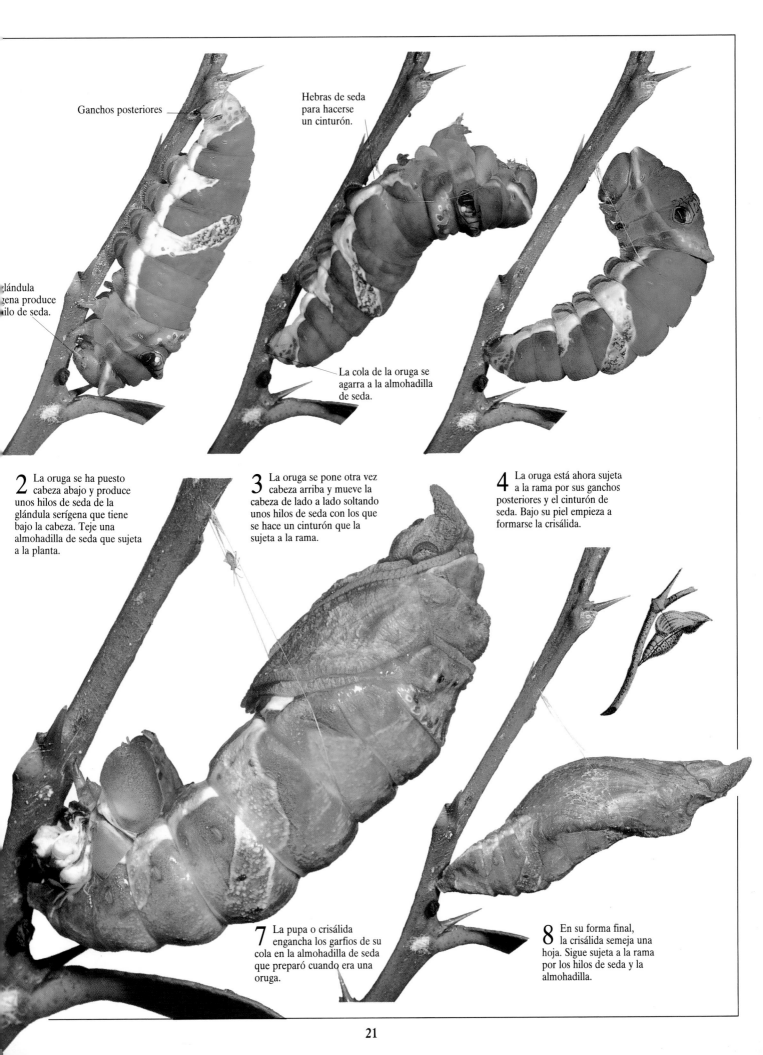

Ganchos posteriores

Hebras de seda
para hacerse
un cinturón.

glándula
xena produce
ilo de seda.

La cola de la oruga se
agarra a la almohadilla
de seda.

**2** La oruga se ha puesto
cabeza abajo y produce
unos hilos de seda de la
glándula serígena que tiene
bajo la cabeza. Teje una
almohadilla de seda que sujeta
a la planta.

**3** La oruga se pone otra vez
cabeza arriba y mueve la
cabeza de lado a lado soltando
unos hilos de seda con los que
se hace un cinturón que la
sujeta a la rama.

**4** La oruga está ahora sujeta
a la rama por sus ganchos
posteriores y el cinturón de
seda. Bajo su piel empieza a
formarse la crisálida.

**7** La pupa o crisálida
engancha los garfios de su
cola en la almohadilla de seda
que preparó cuando era una
oruga.

**8** En su forma final,
la crisálida semeja una
hoja. Sigue sujeta a la rama
por los hilos de seda y la
almohadilla.

# Evolución de la crisálida

La pupa, ninfa o crisálida es la tercera etapa en el ciclo vital de la mariposa durante la cual se transforma de oruga en insecto adulto o mariposa, también llamada imago. Dependiendo del clima y de la especie, la etapa de crisálida puede durar unas semanas o varios meses. Quitando algún pequeño estremecimiento ocasional, la crisálida permanece tan quieta que puede parecer muerta y, sin embargo, dentro de ella se están sucediendo unos cambios maravillosos; algunos se pueden adivinar a través de la piel de la crisálida. A causa de su inmovilidad, la crisálida resulta más vulnerable que cuando es oruga o mariposa. Para la mayor parte de las crisálidas el mejor método de supervivencia es tratar de disimularse copiando las formas y el color de su entorno. La excepción son las crisálidas venenosas, que tienen mucho interés en darlo a conocer a través de sus vivos colores. Muchas mariposas nocturnas pasan esta etapa bajo tierra, pero muy pocas mariposas diurnas disfrutan de esta ventajosa protección. Las crisálidas de estas páginas dan una idea de la gran variedad de formas y colores que pueden adoptar.

Venas de las alas.

Se perciben claramente las venas de las alas de esta *Euthalia dirtea* (sureste de Asia), lo que anuncia que la mariposa está próxima a emerger.

Como puede verse estas dos crisálidas de *Calinaga buddha* son de diferente color, lo que les ayuda a camuflarse, ya que cada una imita el color de su entorno. La de color pardo se disimulará mejor sobre una rama.

Una de las reglas más importantes del camuflaje es que el insecto debe tratar de disimular su silueta. La crisálida de la *Cethosia hypsea* (Asia) lo hace creando una silueta irregular (abajo).

Imita a una hoja muerta para camuflarse.

Silueta espinosa como disfraz.

Mancha dorada que brilla y distrae a los predadores.

La crisálida de la *Danaus gilippus* (continente americano) es venenosa para los predadores. El veneno procede de la planta en que se ha alimentado la oruga.

El parecido con una hoja seca y desgarrada le sirve a la crisálida de la *Vindula erota* (Asia) para pasar inadvertida ante sus depredadores (a la izquierda).

Se ven ya las venas de las alas.

La *Papilio machaon* (Europa, Norteamérica y Asia) es verde o parda.

Además de tener una forma irregular, la *Heliconius erato* (Suramérica), tiene espinas a lo largo de la envoltura de las alas (a la izquierda).

Alas desarrollándose.

Espinas agudas

Cabeza desarrollándose.

La *Heliconius melpomene* (Suramérica) utiliza también el mismo tipo de camuflaje que su pariente (a la izquierda).

La *Dryas iulia* es otra crisálida que adopta el aspecto de una hoja seca, retorcida y arrugada para confundirse entre el boscaje.

La *Phoebis sennae* (Norte y Centroamérica) imita una hoja verde y pasa inadvertida entre la vegetación de su entorno natural.

Venas de las alas en formación.

Pronunciado abultamiento en el centro.

Una *Phoebis sennae* (arriba) empieza a salir de la crisálida.

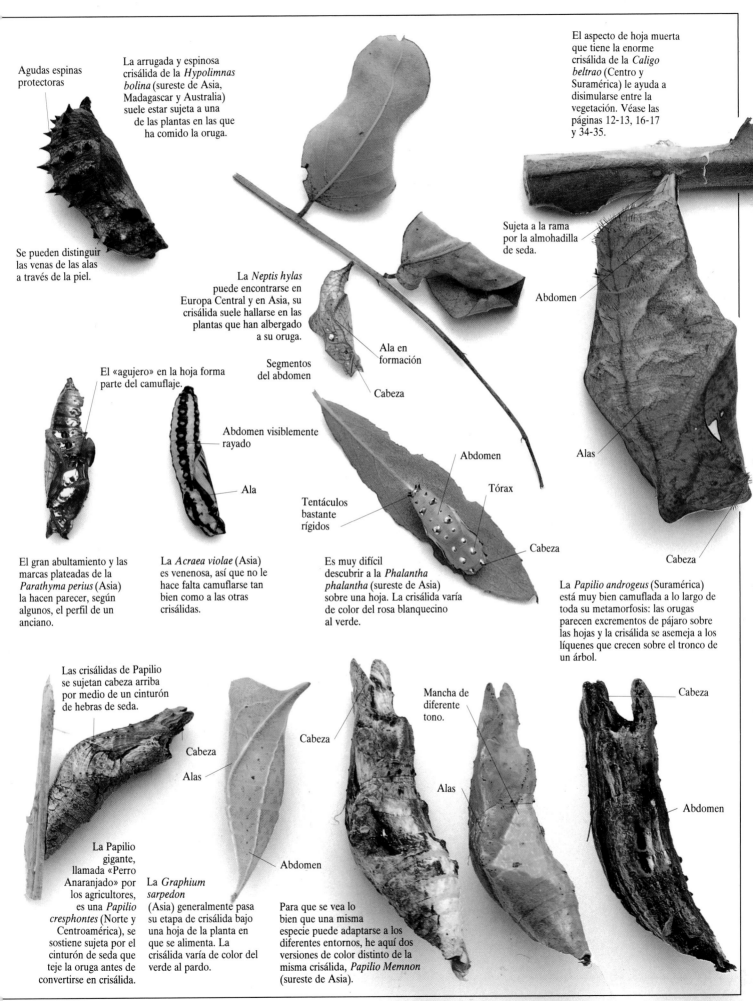

Agudas espinas protectoras

La arrugada y espinosa crisálida de la *Hypolimnas bolina* (sureste de Asia, Madagascar y Australia) suele estar sujeta a una de las plantas en las que ha comido la oruga.

El aspecto de hoja muerta que tiene la enorme crisálida de la *Caligo beltrao* (Centro y Suramérica) le ayuda a disimularse entre la vegetación. Véase las páginas 12-13, 16-17 y 34-35.

Se pueden distinguir las venas de las alas a través de la piel.

Sujeta a la rama por la almohadilla de seda.

Abdomen

La *Neptis hylas* puede encontrarse en Europa Central y en Asia, su crisálida suele hallarse en las plantas que han albergado a su oruga.

Ala en formación

Segmentos del abdomen

Cabeza

El «agujero» en la hoja forma parte del camuflaje.

Abdomen visiblemente rayado

Ala

Abdomen

Tórax

Tentáculos bastante rígidos

Cabeza

Alas

Cabeza

El gran abultamiento y las marcas plateadas de la *Parathyma perius* (Asia) la hacen parecer, según algunos, el perfil de un anciano.

La *Acraea violae* (Asia) es venenosa, así que no le hace falta camuflarse tan bien como a las otras crisálidas.

Es muy difícil descubrir a la *Phalantha phalantha* (sureste de Asia) sobre una hoja. La crisálida varía de color del rosa blanquecino al verde.

La *Papilio androgeus* (Suramérica) está muy bien camuflada a lo largo de toda su metamorfosis: las orugas parecen excrementos de pájaro sobre las hojas y la crisálida se asemeja a los líquenes que crecen sobre el tronco de un árbol.

Las crisálidas de Papilio se sujetan cabeza arriba por medio de un cinturón de hebras de seda.

Cabeza

Alas

Cabeza

Mancha de diferente tono.

Cabeza

Alas

Abdomen

La Papilio gigante, llamada «Perro Anaranjado» por los agricultores, es una *Papilio cresphontes* (Norte y Centroamérica), se sostiene sujeta por el cinturón de seda que teje la oruga antes de convertirse en crisálida.

La *Graphium sarpedon* (Asia) generalmente pasa su etapa de crisálida bajo una hoja de la planta en que se alimenta. La crisálida varía de color del verde al pardo.

Para que se vea lo bien que una misma especie puede adaptarse a los diferentes entornos, he aquí dos versiones de color distinto de la misma crisálida, *Papilio Memnon* (sureste de Asia).

# Aparece la mariposa

A TRAVÉS DE LOS CAMBIOS que se suceden desde el huevo a la mariposa, el insecto se renueva en varias ocasiones diferentes. Cuando las etapas de crecimiento (metamorfosis) se han terminado, la crisálida se abre y deja salir a la mariposa. Dentro de la crisálida, aparentemente inactiva, se han producido unos cambios tan extraordinarios que el insecto que aparece es completamente distinto. La mariposa que aquí emerge es una *Morpho peleides*, de Centro y Suramérica.

«La huida a Egipto», del *Libro de Horas de Hastings*, 1480.

La envoltura de la crisálida se abre.

12.00

12.03

12.05

Alas

Antenas

El ala azul de la mariposa, las antenas y las patas se pueden ver a través de la envoltura de la crisálida.

La envoltura de la crisálida se abre y se separa por detrás de la cabeza de la mariposa.

El característico brillo azul de la parte superior del ala ya se ve.

Cabeza

Palpos

Antenas

La cabeza de la mariposa, las antenas y los palpos son ya visibles.

Abdomen hinchado

Las alas están todavía enrolladas; el hinchado abdomen de la mariposa es la parte más visible.

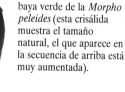

Crisálida en forma de baya verde de la *Morpho peleides* (esta crisálida muestra el tamaño natural, el que aparece en la secuencia de arriba está muy aumentada).

## 1 A PUNTO DE EMERGER

Unas horas antes de emerger, la mariposa está todavía terminando de formarse. Ya se pueden ver, a través de la envoltura de la crisálida, algunas partes de su estructura. La mancha oscura es el ala y se adivinan las antenas y las patas en la parte inferior de la crisálida. Esta mariposa emergerá unos 85 días después de que el huevo fuera puesto.

## 2 PRIMERA FASE

Cuando el insecto ha completado su metamorfosis y está preparado para emerger, empieza a bombear fluidos corporales hacia la cabeza y el tórax. Esto hace que la envoltura se rompa en ciertos puntos más débiles, de modo que la mariposa pueda empezar a abrirse paso con las patas.

## 3 EMERGEN LA CABEZA Y EL TÓRAX

Una vez que la envoltura se ha abierto, la expansión del insecto se acelera. No se debe solamente al bombeo de los fluidos corporales, sino también a que la mariposa toma aire. Las antenas, la cabeza y los palpos (órganos sensibles para probar la comida) ya están visibles, las alas todavía están curvadas y demasiado blandas.

## 4 LIBERADA DEL TODO

La mariposa ha salido por completo de la crisálida y su cuerpo cuelga libre. En esta fase, el exoesqueleto (esqueleto exterior que tienen todos los insectos) de la mariposa está blando y puede expandirse más todavía. Si por cualquier razón, la mariposa sufre daño durante esta fase (quizás un inexperto coleccionista quiera recogerla), nunca llegará a desarrollarse del todo: todas las partes se endurecerían y el resultado sería una mariposa deforme.

La mariposa muestra aquí el azul intenso de la cara superior de las alas que contrasta grandemente con la cara inferior, parda y moteada, que aparece abajo (ver también pág. 37).

2.20

## 5 LAS ALAS SE EXTIENDEN

Con la mariposa ya completamente fuera de la envoltura de la crisálida las dos cosas más importantes que quedan por realizar son la expulsión de los residuos abdominales y la extensión de las alas. Mientras impulsa sangre desde el cuerpo a las alas, la mariposa se mantiene con la cabeza hacia arriba para que la fuerza de la gravedad le ayude a extender las arrugadas alas.

## 6 LA MARIPOSA ALCANZA TODO SU TAMAÑO

Las venas de las alas se han llenado de sangre y se las puede ver extenderse. Esta expansión de las alas tiene que hacerse rápidamente, si las alas se secan antes de alcanzar todo su tamaño, la mariposa puede resultar tan deformada que no será capaz de volar.

## 7 PREPARADA PARA VOLAR

Después de un período de diez a veinte minutos, las alas alcanzan su máxima extensión. La mariposa espera a que se hayan endurecido por completo antes de intentar un primer vuelo, que suele llevarla directamente hasta una planta en la que tomar su primera comida.

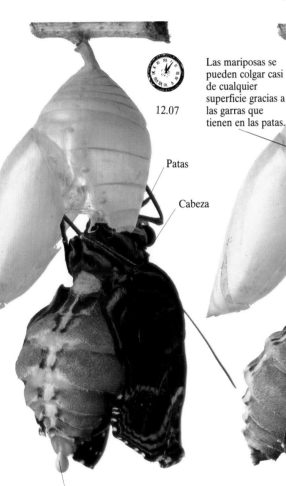

12.07

Patas

Cabeza

En muchos casos estas gotitas son rojas y no amarillas, ésta es la razón por la cual las gentes de la Edad Media hablaron, a veces, de «lluvias de sangre».

Cuando la mariposa ha conseguido salir por completo de la envoltura de la crisálida, expulsa el líquido que ha almacenado durante su etapa de pupa.

Las mariposas se pueden colgar casi de cualquier superficie gracias a las garras que tienen en las patas.

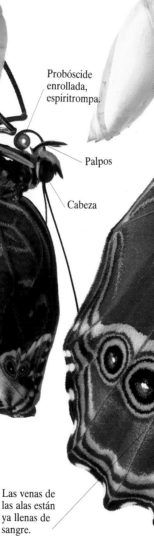

12.12

Probóscide enrollada, espiritrompa.

Palpos

Cabeza

El ala es como una bolsa que se hincharía como un globo si no fuera por los diminutos ligamentos que unen la membrana superior y la inferior.

Los dibujos de las alas se ven ahora con toda claridad, lo mismo que la cabeza, los palpos y la probóscide.

12.20

Las venas de las alas están ya llenas de sangre.

La mariposa espera con las alas separadas hasta que se han secado y endurecido del todo. Si es por la tarde, descansará hasta el día siguiente, antes de emprender el primer vuelo.

# Mariposas

LAS MARIPOSAS se diferencian del resto de los insectos en que tienen el cuerpo y las alas cubiertos de miles de diminutas y delicadas escamas. Estas escamas recubren las caras superior e inferior de las alas y confieren a la mariposa sus colores y dibujos. En la cabeza tiene la mariposa dos órganos sensoriales, las antenas, con las que percibe los olores, y un tubo de alimentación, probóscide, que va arrollado cuando el insecto no lo utiliza. Los dos grandes ojos compuestos están formados por un gran número de lentes o facetas. Las facetas son sensibles no solamente al movimiento, sino también a las formas y colores de las flores y de las otras mariposas. El tórax está dividido en tres segmentos y tiene músculos que lo conectan con los pares de alas y los tres pares de patas. Los órganos reproductores se hallan al final del abdomen, el resto del cual contiene la mayor parte del sistema digestivo.

*Colias crocea* (Europa) en vuelo.

## Hábitos alimentarios

Todas las mariposas diurnas y la mayor parte de las nocturnas tienen probóscide, un tubo alimentario llamado también trompa, que utilizan para absorber néctar, agua y otros líquidos. Algunas mariposas nocturnas de gran tamaño no comen, viven de las reservas nutritivas que la oruga almacenó (págs. 36-37). Algunas especies chupan el jugo de frutos podridos o la savia de algunos árboles; otras comen néctar o absorben los líquidos que se producen sobre animales muertos.

Cabeza vista de frente

Palpos labiales (para probar la comida).

Probóscide

Estas mariposas fritilarias pertenecen a una de las más amplias familias de mariposas: los Ninfálidos.

Primer plano de la cabeza de una fritilaria, la Perlada Rojiza, *Clossiana euphrosyne* (Europa).

Corte, muy aumentado, de la probóscide o espiritrompa. Está situada bajo la cabeza y semeja una paja de beber refrescos apretadamente arrollada.

Suele ser frecuente ver, especialmente en los climas cálidos, grupos de mariposas machos bebiendo sobre un suelo húmedo, posiblemente para absorber minerales. La mayoría de este grupo de mariposas pertenece a la especie *Graphium sarpedon* (Malaysia).

Ojo compuesto

Palpos labiales

Antena

Probóscide arrollada

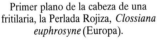

**PAPILIO HOMERUS, JAMAICA.**

Alas anteriores

Alas posteriores

En este antiguo dibujo de una Mariposa Chupaleche, *Iphiclides podalirius* (Europa y Asia), se ve la típica posición de reposo de esta especie, con las alas levantadas por encima del cuerpo.

Cabeza

Tórax

Abdomen

Un primer plano muy aumentado del ala de una mariposa suramericana muestra cómo van superpuestas unas sobre otras las escamas que forman el dibujo. Las fuertes venas son claramente visibles.

Las venas de las alas de una mariposa sirven para sostenerlas en la posición correcta durante el vuelo. La forma y distribución de las venas del ala se tienen en cuenta para clasificar a las mariposas por especies.

Con las alas ligeramente curvadas, una Pavo Real, *Inachis io* (Europa), está a punto de posarse en una buddleia. Las mariposas poseen tal control sobre sus movimientos en vuelo que pueden hacer aterrizajes repentinos.

Los colores y dibujos del ala de la mariposa están formados por hileras de escamas superpuestas.

# Mariposas de zonas templadas

POR ZONAS TEMPLADAS entendemos las regiones de la Tierra que tienen veranos calurosos e inviernos fríos. En estas zonas, las mariposas permanecen inactivas durante el invierno y tienen que sobrevivir sin alimentarse. A menudo, pasan el invierno en fase de crisálida, pero unas pocas mariposas de Europa y Norteamérica son adultas en la época fría y tienen que hibernar hasta que llega la primavera (pág. 51). La gran variedad de flores que hay en los prados y bosques de las zonas templadas permite la existencia de una gran cantidad de mariposas, aunque no de tantas como en los trópicos (págs. 32-35). En tiempos recientes se están destruyendo muchos hábitats al convertirlos en tierras de cultivo o núcleos urbanizados, así que el número de mariposas está disminuyendo. Su desaparición es especialmente lamentable, ya que para muchos de nosotros las mariposas son un poco el símbolo del buen tiempo.

La Pavo Real, *Inachis io,* es una de las mariposas más frecuentes y conocidas en las zonas templadas de Europa y Asia.

Este antiguo dibujo muestra una Manto Bicolor (derecha) y, posiblemente, una Ícaro Dos Puntos (Europa).

El desecamiento de los campos está causando la desaparición de la Manto Grande, *Lycaena dispar,* de muchas áreas pantanosas de Europa Central y Asia (pág. 58).

## Mariposas de los prados

En Europa, la Niña Celeste, *Lysandra bellargus,* está amenazada en las áreas en las que ya no pastan conejos y ovejas. Es una especie protegida en Francia.

Las orugas de la Hormiguera de Lunares, *Maculinea arion* (Europa), viven en los hormigueros y se alimentan con larvas de hormiga. Las hormigas las toleran porque obtienen de ellas por «ordeño» un líquido azucarado (pág. 58).

Las especies de mariposas cuyas orugas comen hierba, se encuentran en los prados, brezales, linderos de bosques y orillas de ríos y lagunas.

La Afrodita, *Speyeria aphrodite,* se encuentra en los prados y claros de bosque del oeste de Norteamérica. La oruga come violetas.

Aunque pertenece a la familia de los Satíridos, cuyos colores suelen ser pardos, la Medioluto Norteña. *Melanargia galathea* (Europa y Asia), tiene un dibujo en negro y blanco.

Esta Mariposa Saltacercas, probablemente se llama así porque se la encuentra revoloteando o calentándose al sol sobre las cercas que separan los campos.

La Loba, *Maniola jurtina* (Europa, Asia y África) es una típica mariposa de prado bien camuflada.

La Saltacercas, *Lasiommata megera* (Europa, Asia y norte de África), es otra especie que se alimenta de hierba.

Los colores oscuros proporcionan un buen camuflaje.

Aunque la mayoría de las mariposas cobrizas son americanas o asiáticas, esta *Heodes alciphron* es europea.

La *Phyciodes campestris* es muy frecuente en las tierras altas del oeste de Norteamérica.

# Mariposas de los bosques

Esta mariposa Cejialba, *Callophrys rubi* (Europa, Asia y norte de África) tiene parda la cara superior del ala y verde la inferior, lo que le proporciona un estupendo camuflaje en el bosque.

Hojas de roble

La *Polygonia comma* se encuentra en amplias regiones boscosas de Norteamérica y Europa. Pertenece a un grupo de mariposas en el que las diferentes especies reciben nombres que tienen relación con los dibujos de sus alas.

El nombre «Comma» hace referencia al dibujo en C que tiene en la cara inferior del ala posterior.

La silueta de «hoja muerta», por sus bordes irregulares, y el colorido de las alas son un camuflaje muy eficaz.

Cara superior de una Comma

Cara inferior de una Comma

Como en las zonas boscosas se da una enorme variedad de plantas, también existen en ellas muchas mariposas distintas. Algunas especies vuelan a ras del suelo, mientras que otras suelen mantenerse a la altura de las copas de los árboles. Ciertas especies prefieren los linderos del bosque o los grandes claros.

La *Satyrium acadica* suele ser oscura en la cara superior, la cara inferior puede mostrar variaciones de color.

La *Satyrium acadica* (Norteamérica) aparece en los prados húmedos, cerca de ríos y en las cañadas.

La Nazarena, *Quercusia quercus,* es una mariposa europea y asiática.

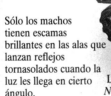

Sólo los machos tienen escamas brillantes en las alas que lanzan reflejos tornasolados cuando la luz les llega en cierto ángulo.

La Tornasolada, *Apatura iris* (Europa y Asia) vuela cerca de las copas de los árboles, pero los machos bajan al suelo para comer sobre animales muertos.

Los dibujos que luce la Neptis Menor, *Neptis sappho* (Europa y Asia) la hacen pasar casi inadvertida entre las manchas de luz y sombra del sotobosque.

Esta es la apariencia que tiene en el sur de Europa la Mariposa de los Muros. Más al norte las manchas son blanco-crema.

Las manchas de color de la Mariposa de los Muros, *Pararge aegeria* (Europa, Asia y norte de África), hacen que sea difícil descubrirla en los lugares soleados.

La Banda Curva, *Hipparchia fagi* (Europa y Asia), se confunde con los dibujos de la corteza de los árboles.

Las orugas de la Mariposa Blanca del Pino pueden, a veces, destruir todas las partes verdes de estos árboles.

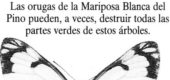

La Mariposa Blanca del Pino, *Neophasia menapia* (Norteamérica), vive entre los pinos en los que se alimentó su oruga.

La Mariposa de los Olmos, *Nymphalis polychloros* (Europa y Asia), aparece con frecuencia en los bosques de las tierras altas.

# Mariposas de montaña

DE TODOS LOS LUGARES en que viven mariposas, son seguramente las montañas y la tundra ártica los más hostiles a causa de los veranos tan cortos, los noches tan frías y los inviernos tan crudos. Los insectos tienen que adaptarse para sobrevivir y ésta es la razón por la que las mariposas de montaña son más oscuras que sus parientes de las tierras bajas: el color oscuro absorbe más rápidamente el calor solar y los insectos pueden calentarse en cuanto amanece, que es cuando la temperatura del aire es más baja. Algunas mariposas árticas y de montaña pueden retener el calor en las escamas largas y peludas que cubren su cuerpo. Muchas mariposas de montaña tienen que poner sus huevos en las hendiduras de las rocas, ya que hay pocas plantas, y el corto verano sólo permite una única generación al año. Las mariposas que viven en lugares de fuertes vientos, se ven obligadas a volar muy bajo y en vuelos cortos para no ser arrastradas y muchas de ellas acostumbran a descansar aplastadas contra las rocas. Pocas especies se encuentran en las grandes alturas, pero hay mariposas realmente intrépidas que se atreven a vivir al borde mismo de la nieve, por ejemplo, en el Himalaya.

Las mariposas *Parnassius* tienen las antenas cortas y las escamas del cuerpo largas y peludas.

Apolo Pequeña, *Parnassius phoebus* (Europa, Asia y Norteamérica).

La Apolo, *Parnassius apollo*, se encuentra en algunas de las más altas montañas de Europa y Asia. Hay muchas variantes locales que los coleccionistas buscan con empeño. Es una especie protegida en casi toda Europa.

Macho    Hembra

La hembra de algunas mariposas nocturnas no tiene alas, lo que es una ventaja en las montañas donde la mariposa podría ser arrastrada por el viento mientras pone los huevos.

Aunque no es una especie de montaña, la hembra de la Oscura Moteada, *Erannis defoliara*, no tiene alas.

Cara superior de una Banda Oblicua.

Cara inferior de una Banda Oblicua.

Casi el único modo de sobrevivir que tiene una mariposa que habita en un entorno de rocas peladas es tener un buen camuflaje. La Banda Oblicua, *Chazara briseis*, aparece en las laderas rocosas del centro y sur de Europa y el Oriente Medio.

La gran diversidad de flores que ofrecen los prados de montaña durante el verano atrae a muchas mariposas. Esta ilustración muestra un paisaje que podría ser de las Montañas Rocosas, los Alpes europeos o el Himalaya asiático.

La especie asiática de la *Pontia*, se ha encontrado a 4.250 m de altura al norte de la India.

La *Pontia callidice* (Europa y Asia) es pariente de la *Pontia occidentalis* (Norteamérica) y se la encuentra al borde de la nieve en las altas montañas alpinas.

La oruga de la *Lycaeides idas*, pasa el invierno en un hormiguero. Se la encuentra en las tierras altas del interior de Europa y Asia. Cuanta mayor sea la altitud, más pequeña es la mariposa.

Se pueden encontrar colonias de *Plebejus pylaon* viviendo en prados de hierbas muy diferentes de Europa y Asia, mientras que la variedad *trappi* sólo aparece en las tierras altas del centro y el sur de Europa.

Durante los cortos veranos árticos, la Colias de los Pantanos, *Colias palaeno,* aparece en las zonas húmedas y en regiones montañosas de Norteamérica, Europa y Asia.

La *Erebia meolans* se ve a menudo en las laderas rocosas del sur de Europa. Cierto número de especies relacionadas con ésta aparecen en las montañas de Norteamérica.

En un tiempo se creyó que la *Heodes virgaureae* podía encontrarse en Bretaña, en realidad solamente aparece en áreas de Europa Central.

La *Euchloe creusa* procede de las montañas del oeste americano, pero tiene varios parientes europeos.

La fritilaria *Euphydryas cynthia* sólo se encuentra en los Alpes europeos y en las montañas de Bulgaria. Hay muchas especies de fritilarias en Europa y en Norteamérica.

A las mariposas diurnas y a las nocturnas les gusta mucho frecuentar los prados alpinos poco visitados, en cambio, por la gente. Los brezos son las típicas plantas que atraen a las mariposas de montaña y de tundra durante el verano.

La *Bhutanitis lidderdalei* procede de los bosques de montaña de Tailandia y la India. En Tailandia muchas de estas mariposas son cazadas para exportarlas a los coleccionistas de todo el mundo.

Las prominentes colas de las alas posteriores distraen a los pájaros y evitan que éstos piquen en partes más vulnerables del insecto.

Los grandes ocelos asustan a los pájaros predadores.

La *Baltia butleri* procede del Himalaya. Hay especies parecidas de mariposas blancas de montaña en América del Sur.

# Mariposas exóticas

En LOS TRÓPICOS, las zonas calientes de la Tierra cercanas al ecuador, se encuentran las mariposas de más bello colorido del mundo. La variedad de formas y colores es verdaderamente sorprendente y sólo podemos suponer el porqué de este derroche de brillantes tonalidades: quizá sirven para atraer a la pareja, aunque también es posible que sean una forma de camuflaje. En la selva tropical hay rincones muy sombríos, manchas de sol deslumbrante y flores de vivos colores, una mariposa de brillantes tonalidades puede probablemente disimularse sin dificultad en este entorno. Algunas especies utilizan sus colores para advertir a los predadores de su mal sabor. Las mariposas diurnas tropicales lucen una gran variedad de formas y coloridos, pero todavía es mayor la variedad de formas que poseen las mariposas nocturnas, que, además, son mucho más numerosas en los trópicos y en el mundo.

Aunque hay selvas tropicales en el sureste de Asia, en el noroeste de Australia, en las islas del Pacífico Sur y en África Central, el lugar en el que se puede encontrar la más amplia variedad de mariposas tropicales es Centro y Suramérica. En estas impenetrables selvas, que no tienen invierno, con abundantes lluvias y una enorme oferta de plantas diferentes, las mariposas encuentran su hábitat ideal.

Cola en las alas posteriores típica de algunas especies

La *Graphium weiskei* vive en la parte alta de la cálida, húmeda y densa selva tropical de Nueva Guinea, por lo que no es extraño que se sepa tan poco acerca de ella.

Las alas tienen una forma poco usual y miden 127 mm de anchura.

Entre las mariposas más bellas del mundo están las especies «alas de pájaro» de Nueva Guinea. Algunas de ellas como la *Ornithoptera priamus* están protegidas, pero no se protege, en cambio, su hábitat.

Los machos del grupo *Priamus* «alas de pájaro» tienen unos flecos dorados en las alas para transmitir olores durante el cortejo.

Cuando la Madreperla, *Protogoniomorpha parhassus* (África), vuela resulta muy visible, pero cuando se posa entre la vegetación de la selva tropical, su color y forma la hacen confundirse con una hoja seca. Estas mariposas son más pequeñas si nacen en la estación húmeda y mayores si nacen en la seca.

Esta espectacular *Parides eurimedes* es todavía muy abundante en ciertos lugares de América Central y del Sur. Se la puede encontrar al nivel del mar y a 1.500 m de altura volando en los linderos de la selva tropical.

No tiene cola, aunque pertenece a una familia de mariposas que sí la tienen.

Alas de contorno irregular.

Se sabe muy poco sobre la *Taenaris schoenbergi* (Nueva Guinea). Es muy probable que la banda que le atraviesa las alas anteriores sirva de camuflaje, disimulando su verdadera forma cuando está posada.

Banda de camuflaje a través de las alas anteriores.

Las carnosas hojas verdes y las brillantes flores rojas de la *Columnia* son típicas de las plantas tropicales.

La *Athrophaneura neptunus* vive en la húmeda selva de Malaysia.

Este dibujo de Marianne North, hecho en el siglo pasado, muestra a una mariposa exótica chupando los jugos de una nuez moscada en Jamaica.

Estas manchas rojas tan visibles en las alas posteriores pueden distraer al pájaro y evitar que pique el cuerpo del insecto.

Jezabel es el nombre que se da a varias especies de mariposas *Delias*. Esta *Delias belisama* vuela en las áreas montañosas de Indonesia, donde su bello color naranja resulta muy visible entre el vaho de la húmeda selva tropical.

La pequeña *Dynastor napoleon* es una mariposa de la que se sabe poco. Es escasa y probablemente vuela sólo al atardecer en las selvas del Brasil. Como la cara superior de las alas tiene parecido con una hoja seca, seguramente la mariposa está bien camuflada cuando se posa para descansar.

La Asiria Real, *Terinos clarissa*, se encuentra muy raramente, vuela a baja altura cerca de los caminos y pedregales de Malaysia e Indonesia. La oruga está cubierta de largos pelos ramificados.

Las mariposas tropicales necesitan mecanismos de defensa como son las colas en las alas, los terroríficos ocelos y las escamas venenosas para escapar de predadores como los lagartos.

33

*Continúa en la página siguiente*

Un coleccionista trajo esta mariposa Ninfálido, *Myscelia orsis*, del Paraguay hace ya muchos años. El azul brillante de las alas del macho contrasta grandemente con los tonos más apagados de la hembra.

El macho de la *Hypolimnas misippus* (a la derecha) es muy diferente de la hembra (abajo). Esta especie se encuentra en África, Norte y Centroamérica, la India y Australia.

Mariposa macho

La *Amblypodia morphina* forma parte de un grupo de mariposas muy parecidas que se hallan en el sureste asiático.

Mariposa hembra

La cara inferior del ala de la mariposa tiene una amplia banda blanca.

La hembra de este grupo de mariposas puede ser de color más pálido que el macho.

La hembra, no venenosa, de la *Hypolimnas misippus* (arriba) resulta una excelente copia de la *Danaus chrysippus*, que sí es venenosa (mimetismo, págs. 56-57).

Como en muchas otras mariposas, la cara inferior de una *Cethosia hypsaea* (a la derecha) tiene un dibujo más llamativo que la cara superior. Este ejemplar se encontró en Borneo.

Manchas rojas de advertencia típicas de las mariposas venenosas.

La Papilio Gigante, *Papilio antimachus*, es la mariposa más grande de África, mide 250 mm con las alas extendidas. Se cree que es muy venenosa porque la evitan los pájaros de la selva tropical.

Dibujo de una *Papilio* tropical, la *Papilio crino* (Sri Lanka).

Características alas grandes de muchas *Papilios*.

Pocas mariposas tienen mejor camuflaje a la hora de descansar que esta mariposa Sudamericana, la *Coenophlebia archidona*.

La cara inferior parece una hoja muerta.

Los adultos de la *Taenaris macrops* (Nueva Guinea) disfrutan comiendo bananas maduras. Las orugas de algunas *Taenaris* comen las hojas de esas plantas.

Ocelo grande para asustar a los predadores.

Las manchas plateadas imitan los hongos que se encuentran sobre las hojas muertas.

*Viene de la página anterior.*

34

Dibujo interrumpido para un mejor camuflaje.

Aunque la *Cyrestis nivea* es común en Malaysia e Indonesia, se sabe muy poco acerca de sus costumbres. El dibujo tan irregular de sus alas le proporciona, desde luego, un magnífico camuflaje.

La *Marpesia petreus* se reconoce fácilmente y puede verse en los bosques y zonas de matorrales del sur de Estados Unidos y Centro y Suramérica.

Al grupo de las mariposas *Morpho* suramericanas pertenecen algunos de los más bellos ejemplares del mundo (ver págs. 24-25). Las alas de especies como la *Morpho cypris* se han utilizado a menudo en joyería.

Las largas colas de las alas posteriores distraen a los posibles predadores y evitan que piquen el cuerpo o partes más importantes de las alas.

Cara inferior del macho, la parte superior es en su mayor parte blanca con los bordes más oscuros.

Las mariposas *Morpho* se camuflan gracias al color pardo de la cara inferior de las alas.

Hacia 1920, Arthur Twidle pintó una serie de escenas para ilustrar su libro *Las bellas mariposas de los Trópicos*.

La Blanca Imperial, *Delias harpalyce* (sureste de Australia) tiene colores más vistosos en la cara inferior de las alas que en la superior, lo que no es usual, aunque en otras Delias también aparece.

Se asegura que el haber utilizado millones de *Morphos* en joyería no ha afectado a esta especie, ya que solamente se han usado machos. Las hembras tienen colores menos llamativos y, además, son más tímidas, lo que hace que sea menos fácil cazarlas en sus hábitats de la selva tropical.

Esta planta exótica se ha llamado «Lirio de la paz», aunque no es un lirio.

Forma de disecar una mariposa.

Caja oblonga para coleccionistas, el fondo y la tapa está forrados de corcho.

Las enormes Mariposas Búho suramericanas han sido llamadas así a causa de los ocelos que tienen en la cara inferior de las alas. Muchos pájaros se mantendrán razonablemente lejos de algo que asemeja un búho. Esta *Caligo prometheus* vive en las selvas húmedas del Ecuador y Colombia.

Ocelo en la cara inferior del ala de una Mariposa Búho, aparece en las páginas 8-9.

A las Mariposas Búho no les gusta la luz del sol, así que vuelan en zonas sombrías o al atardecer.

# Mariposas nocturnas o polillas

Hay, POR LO MENOS, 150.000 ESPECIES de mariposas nocturnas, mientras que hay solamente unas 15.000 especies de mariposas diurnas. Es cierto que la mayoría de las mariposas nocturnas, o polillas, vuelan de noche o al atardecer, pero hay bastantes que vuelan de día (págs. 48-49). Aunque hay algunas mariposas nocturnas, como el llamado «gusano de seda» que son útiles al hombre, hay muchas que resultan dañinas. Entre éstas se encuentran las polillas que atacan las cosechas y destruyen el grano, los frutos y los árboles; las polillas de la lana que destrozan mantas, vestidos y alfombras y otras polillas que contribuyen a extender enfermedades porque se alimentan de los fluidos que se forman en los ojos de los animales enfermos y los llevan a otros animales (pág. 56). La mayoría de las polillas es inofensiva y contribuye a la polinización de las flores.

Grabado que muestra las principales partes de una mariposa nocturna. Las líneas oscuras representan las fascias, bandas, que forman parte del dibujo del ala.

Esta sorprendente probóscide pertenece a la Mariposa Esfinge de Darwin, *Xanthopan morganii*, de Madagascar. Charles Darwin, el famoso naturalista inglés del siglo pasado, tuvo conocimiento de una orquídea cuyo néctar estaba en el fondo de una corola de 30 cm de profundidad. Como era evidente que la orquídea precisaba de polinización, Darwin dedujo que tenía que existir una mariposa que tuviera una probóscide de unos 30 ó 35 cm. Años más tarde se descubrió esta polilla y quedó probado que Darwin estaba en lo cierto.

## Alimentación

Igual que las mariposas diurnas, las nocturnas toman néctar de las flores. Se pueden ver polillas que vuelan de día (págs. 48-49) manteniéndose en vuelo frente a una flor mientras comen. Muchas mariposas nocturnas no comen nada. Durante su corta vida como mariposa, la polilla Luna de la India (a la derecha y abajo) vive de los alimentos que almacenó en su cuerpo mientras era oruga.

La larga probóscide de esta mariposa esfinge extrae néctar de las flores. En este proceso, recoge polen y lo lleva de una flor a otra.

Antena

Palpo maxilar

Ojo

Palpo labial

Probóscide

Palpo labial

Dentro de la cabeza está el ganglio cerebral (cerebro). Los ojos, las antenas y otros órganos sensibles proporcionan al insecto información sobre su entorno.

Cuerpo grueso y largas alas anteriores, características típicas de un grupo de mariposas nocturnas muy voladoras: las Esfíngidos.

Esta vista de frente de la cabeza de la Mariposa nocturna Luna de la India, muestra sus antenas y las patas delanteras y centrales. Las antenas poseen diminutos órganos sensoriales que detectan probablemente no sólo los olores, sino también los cambios de presión.

Como esta mariposa no se alimenta no tiene probóscide.

Esta hembra utiliza sus antenas para seleccionar la planta adecuada en la que depositar sus huevos.

Las largas colas contribuyen a proteger a esta mariposa nocturna.

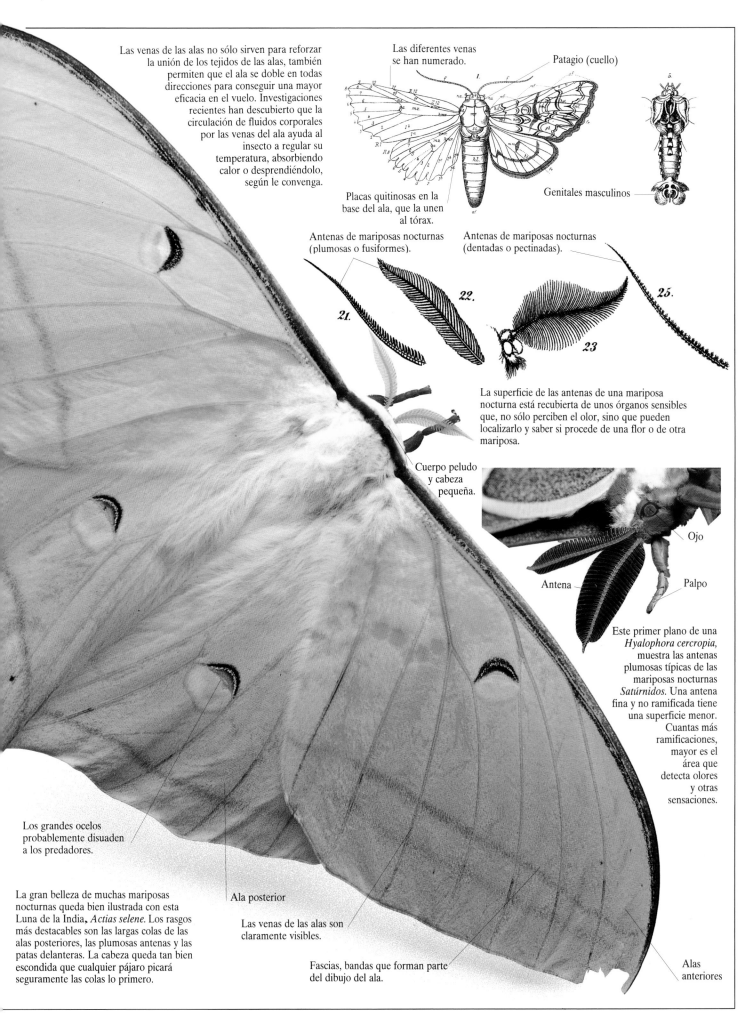

Las venas de las alas no sólo sirven para reforzar la unión de los tejidos de las alas, también permiten que el ala se doble en todas direcciones para conseguir una mayor eficacia en el vuelo. Investigaciones recientes han descubierto que la circulación de fluidos corporales por las venas del ala ayuda al insecto a regular su temperatura, absorbiendo calor o desprendiéndolo, según le convenga.

Las diferentes venas se han numerado.

Patagio (cuello)

Genitales masculinos

Placas quitinosas en la base del ala, que la unen al tórax.

Antenas de mariposas nocturnas (plumosas o fusiformes).

Antenas de mariposas nocturnas (dentadas o pectinadas).

*21.*

*22.*

*23.*

*25.*

La superficie de las antenas de una mariposa nocturna está recubierta de unos órganos sensibles que, no sólo perciben el olor, sino que pueden localizarlo y saber si procede de una flor o de otra mariposa.

Cuerpo peludo y cabeza pequeña.

Ojo

Antena

Palpo

Este primer plano de una *Hyalophora cercropia*, muestra las antenas plumosas típicas de las mariposas nocturnas *Satúrnidos*. Una antena fina y no ramificada tiene una superficie menor. Cuantas más ramificaciones, mayor es el área que detecta olores y otras sensaciones.

Los grandes ocelos probablemente disuaden a los predadores.

La gran belleza de muchas mariposas nocturnas queda bien ilustrada con esta Luna de la India, *Actias selene*. Los rasgos más destacables son las largas colas de las alas posteriores, las plumosas antenas y las patas delanteras. La cabeza queda tan bien escondida que cualquier pájaro picará seguramente las colas lo primero.

Ala posterior

Las venas de las alas son claramente visibles.

Fascias, bandas que forman parte del dibujo del ala.

Alas anteriores

# Capullos

LA MAYOR PARTE DE LAS MARIPOSAS NOCTURNAS teje un capullo. Esta envoltura de seda alberga a la oruga mientras se convierte en crisálida y a ésta mientras se está desarrollando. Algunas especies incorporan al capullo espinas de la última piel de la oruga o pedacitos de plantas, lo que añade solidez a la envoltura. Hay orugas que tejen su capullo con una sola hebra (págs. 40-41) que llega a tener hasta 800 m de longitud. Cuando la mariposa está preparada para emerger, tiene que abrirse paso a través de las paredes del capullo. Esto puede presentar dificultades porque el capullo es duro. Algunas mariposas tienen un órgano como una sierra para cortar la seda, otras producen un líquido que la ablanda. Muchas orugas tejen también redes de seda para protegerse mientras están comiendo, aunque estas redes no son verdaderos capullos.

Algunas especies cuelgan sus capullos de un largo hilo de seda, para defenderse aún mejor de los insectos predadores.

Estos capullos se parecen mucho a algunas partes de la planta de la que se cuelgan, sólo los descubrirán los predadores más sagaces.

Esta *Bena fagana* (Europa) acaba de emerger. Su capullo tiene pedacitos de corteza que la oruga le añadió para darle más consistencia.

La amplia red de seda se extiende sobre varias hojas, las orugas pueden moverse sin problemas para buscar comida.

Superficie dura del capullo reforzada con pedacidos de corteza.

Las orugas utilizan la seda en abundancia. Muchas especies de Yponomeuta tejen una red protectora y viven en comunidad dentro de ella, comiendo la planta en la que están. Algunas orugas muy pequeñas, que podrían ser arrastradas por el viento, tejen un hilo y se suspenden de él como de un cable de seguridad.

El dibujo de las alas muestra por qué esta polilla se conoce en algunos sitios como la Verde Rayas de Plata.

La ligera red ayuda a la crisálida a sostenerse.

Las orugas de la familia de los *Esfíngidos* se construyen una pequeña cavidad bajo tierra y la recubren de seda, lo que las protege de la humedad y de los animales excavadores. Allí dentro pasan su etapa de crisálida.

Las crisálidas de mariposa nocturna esfinge, *Hippotion celerio* (Europa, África y Asia; véase también pág. 19) tejen un capullo muy ligero, apenas unos pocos hilos de seda en forma de red.

Estas mariposas nocturnas hacen su capullo bajo tierra.

Una oruga que ha caído de la red cuelga de su hebra de seda.

La Mariposa de Seda del Roble, *Antheraea harti* (Asia; véase págs. 62-63) pertenece a la familia de los *Satúrnidos*. Sus orugas se alimentan de hojas de roble y tejen sus capullos también en este árbol. Son parientes de la mariposa china que produce la mayor parte de la seda comercial.

La oruga empieza a unir hojas por medio de hebras de seda.

Hoja comida en parte por la oruga.

Oruga comiéndose una hoja.

La oruga empieza a tejer entre las hojas de la parte alta del árbol; el capullo comienza a tener forma.

Cabeza de la oruga

Una red de seda alberga y sostiene el capullo.

Cola de la oruga

La envoltura del capullo es fuerte y dura.

Capullo terminado de la oruga de la Mariposa de Seda del Roble. Se puede observar cómo se han curvado las hojas por medio de una densa red de hebras de seda. La seda de estas mariposas silvestres también se utiliza comercialmente, pero no tanto como la del «gusano de seda», *Bombyx mori* (Asia, págs. 40-41).

Las orugas comen solamente las hojas del roble, *Quercus robur*, nunca las bellotas.

# Los «gusanos de seda»

Ilustraciones del libro *Vermis sericus*, que habla de la producción de la seda, siglo XVII.

LAS ORUGAS de muchas mariposas nocturnas producen seda, aunque las mejores calidades las dan las orugas de las familias, *Satúrnidos* y *Bombícidos* y en particular las orugas de una mariposa nocturna blanca, la *Bombyx mori* (Asia), conocidas vulgarmente como «gusanos de seda», aunque no son gusanos, sino orugas. Según las leyendas chinas, la fibra de seda fue descubierta unos 2.700 años antes de Cristo, pero durante siglos los métodos de obtención de la seda fueron guardados en secreto. La exportación de orugas o de huevos se hubiera castigado con la muerte. Sin embargo, llegó un momento en que los huevos y las semillas de la morera, el árbol de que se alimentan las orugas, salieron de China, se dice que ocultos dentro del bastón hueco de un peregrino. La seda siguió siendo muy cara, incluso después de que los árabes introdujeran en España las técnicas de producción y tejido de la misma durante el siglo VIII. En la actualidad el gusano de seda está tan domesticado que ya no aparece nunca en estado silvestre.

Durante muchos años, la seda fue un tejido muy apreciado para hacer trajes de novia y de fiesta.

Este grabado chino del siglo XIX muestra cómo la hebra de seda se devana en bobinas más pequeñas. En la actualidad se trabaja la seda mecánicamente, pero el proceso es básicamente el mismo.

Desde sus orígenes en China (arriba) hasta el siglo XVII (abajo), los métodos de producción de la seda cambiaron poco. Los insectos que estaban dentro del capullo se mataban por medio de agua hirviendo antes de que pudieran perforarlo para salir y romper así el hilo. El agua caliente disolvía, además, la sustancia pegajosa que unía los hilos. Las hebras de varios capullos se unían para formar una sola, que era devanada en madejas.

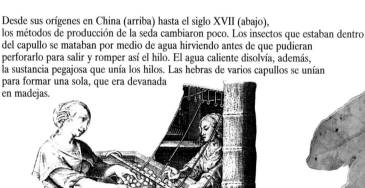

**3** La oruga ha trabajado, adelante y atrás, entre las hojas haciendo el capullo más espeso. Durante todo este tiempo la glándula serígena produce un hilo de seda ininterrumpido.

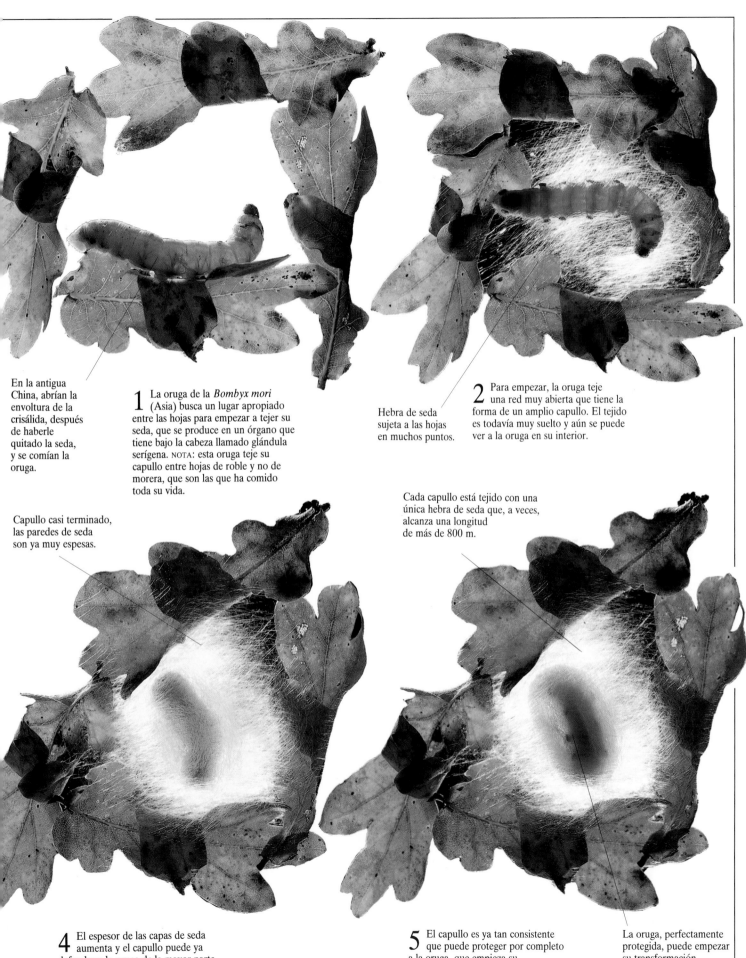

En la antigua China, abrían la envoltura de la crisálida, después de haberle quitado la seda, y se comían la oruga.

**1** La oruga de la *Bombyx mori* (Asia) busca un lugar apropiado entre las hojas para empezar a tejer su seda, que se produce en un órgano que tiene bajo la cabeza llamado glándula serígena. NOTA: esta oruga teje su capullo entre hojas de roble y no de morera, que son las que ha comido toda su vida.

Hebra de seda sujeta a las hojas en muchos puntos.

**2** Para empezar, la oruga teje una red muy abierta que tiene la forma de un amplio capullo. El tejido es todavía muy suelto y aún se puede ver a la oruga en su interior.

Cada capullo está tejido con una única hebra de seda que, a veces, alcanza una longitud de más de 800 m.

Capullo casi terminado, las paredes de seda son ya muy espesas.

**4** El espesor de las capas de seda aumenta y el capullo puede ya defender a la oruga de la mayor parte de sus posibles predadores.

**5** El capullo es ya tan consistente que puede proteger por completo a la oruga, que empieza su transformación en crisálida.

La oruga, perfectamente protegida, puede empezar su transformación.

# Mariposas nocturnas de zonas templadas

Las MARIPOSAS NOCTURNAS DE ZONAS TEMPLADAS, al igual que las diurnas de las mismas regiones (págs. 28-29) tienen que sobrevivir durante los fríos meses del invierno. Algunas los pasan en forma de huevos, otras como orugas, quizá escondidas dentro del tallo de una planta. Muchas más pasan la época fría como crisálidas, la mayoría dentro de un capullo (págs. 38-39). En las zonas templadas de Europa, Asia y Norteamérica, el ciclo vital de las mariposas nocturnas coincide con la primavera y el verano que es cuando hay abundancia de hierbas y flores. La mayor variedad de mariposas nocturnas se puede ver durante las noches del verano, cuando revolotean cerca de las ventanas o de algún otro foco de luz. En noches de luna se pueden incluso ver cuando están libando en las flores. Aunque la mayor parte de las mariposas nocturnas vuela de noche, algunas son activas de día (págs. 48-49).

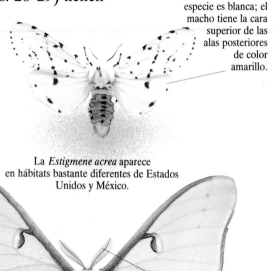

La hembra de esta especie es blanca; el macho tiene la cara superior de las alas posteriores de color amarillo.

La *Estigmene acrea* aparece en hábitats bastante diferentes de Estados Unidos y México.

Antenas plumosas

Largas colas en las alas posteriores.

La espectacular Mariposa Luna, *Actias luna*, solamente se encuentra en Norteamérica. Últimamente su número ha disminuido a causa de la contaminación y de los insecticidas. Como a la Mariposa Luna de la India (págs. 36-37) a menudo se la cría en cautividad.

Las alas pierden color cuando la mariposa ha muerto, originalmente eran de color verde pálido.

La mariposa no come.

Los vivos colores advierten a los predadores que es venenosa.

La Mariposa Tigre Virgen, *Grammia virgo* (Norteamérica), como otras de la misma familia, tiene mal sabor y los pájaros no la comen.

La oruga de la *Ectomyelois ceratoniae* (todo el mundo) se refugia en los tallos ahuecados de los cardos para metamorfosearse.

Esta Tigre Zuni, *Arachnis zuni*, aparece en el suroeste de Estados Unidos y en México. Igual que la Tigre Virgen (arriba) luce colores de advertencia.

Colores oscuros en las alas anteriores.

Cuando se la molesta, sacude rápidamente las alas posteriores para asustar a los predadores.

La Mariposa nocturna Esfinge Ocelada, *Smerinthus ocellata* (Europa y Asia), ha recibido este nombre a causa de los ocelos de sus alas posteriores. Si se la molesta, mueve las alas anteriores para que se vean los dos ocelos que parecen mirar fijamente.

Los ocelos asustan a los enemigos.

La oruga de la Polilla del Manzano, *Cydia pomonella*, come peras y manzanas (a la izquierda).

Mariposas nocturnas con las alas anteriores muy distintas de las posteriores se encuentran en Europa, Asia y América. La *Catocala cara* es una especie norteamericana que se encuentra desde Canadá hasta Florida.

La oruga de la mariposa nocturna *Petrova resinella* (Europa, Norteamérica y Asia) come en los pinos y provoca la salida de resina.

La Esfinge mayor de la Vid, *Deilephila elpenor*, es una mariposa nocturna que aparece en Europa y en Asia.

La mariposa se puede ver al atardecer, revoloteando ante las flores en que se alimenta.

La oruga de la Mariposa nocturna Alas de Golondrina, *Ourapteryx sambucaria* (Europa y Asia), se mueve formando arcos con su cuerpo, como todas las orugas del grupo de los *Geométridos.*

Calavera y tibias

La Bucéfalo, *Phalera bucephala* (Europa y Asia) consigue parecer una ramilla cuando se posa sobre un árbol (a la derecha).

Los dibujos de las alas se confunden con el colorido del árbol.

Cuerpo grueso y peludo

Una de las mariposas nocturnas más interesantes es la Esfinge de la Calavera, *Acherontia atropos* (Europa, Asia y África). No solamente luce el dibujo de una calavera sobre el dorso, sino que lanza un chirrido cuando se la molesta. La oruga come en la planta de patata, entre otras. La mariposa entra en las colmenas para robar miel (págs. 14-15).

El Gran Pavón Nocturno, *Saturnia pyri*, es la mariposa nocturna más grande de Europa. Se la puede encontrar en el sur de Europa y en el oeste de Asia.

El vivo color verde se ha vuelto más pálido después de la muerte de la mariposa.

La Gran Esmeralda, *Geometra papilionaria* (Europa y Asia), tiene una oruga que anda formando arcos y que se alberga dentro de ramas para hibernar.

La Noctuido de los Fresnos, *Catocala fraxini*, se encuentra en toda Europa y en Asia. Está emparentada con la *Catocala* de la página de la izquierda.

Ocelos para asustar a los predadores.

Con las alas abiertas mide más de 70 mm.

A la *Philudoria potatoria* se la ha llamado la Bebedora porque su oruga tiene la costumbre de beber el rocío de las hierbas en que come. Se la encuentra en zonas encharcadas de Europa y Asia hasta el Japón.

Las alas posteriores muy coloreadas.

El color pardo rojizo le proporciona un buen camuflaje cuando está posada.

# Mariposas nocturnas exóticas

COMO LA MAYOR PARTE de las mariposas nocturnas se esconde durante el día, es fácil olvidar que muchas de ellas tienen tan vivos colores y resultan tan sorprendentes como las mariposas diurnas. Esto es especialmente cierto al referirse a las mariposas nocturnas que viven en las regiones tropicales y subtropicales de África, Asia, Australia y Sur y Centroamérica. Allí, las noches están llenas de las más bellas mariposas nocturnas, muchas de las cuales no han sido vistas más que por los coleccionistas que las buscan. Durante el día, la mayor parte de estas mariposas se esconde entre la lujuriante vegetación. Por la noche, es muy difícil fotografiar a estas mariposas y más todavía conseguir imágenes de sus orugas. Por lo tanto, puede ser de lo más interesante contemplar la gran variedad de formas, colores y dibujos de las especies tropicales que aparecen en las cuatro páginas siguientes.

A partir del año 1920, el constructor de aviones, Geoffrey Havilland le dio el nombre de varios insectos muy voladores, como la Mariposa nocturna Tigre, a toda una serie de aviones biplazas.

Es curiosa la forma de «llamarada» que presentan los mechones posteriores de esta mariposa nocturna, *Epicausis mithii* (Madagascar), probablemente son dispersadores de olor.

Mechones en forma de llamarada en el extremo del abdomen.

La *Agrius cinqulatus* se encuentra en todo el continente americano. Come boniatos y puede ser una plaga.

Alas anteriores largas

Alas anteriores largas

Cuerpo grueso

Como muchas otras mariposas esfinge, esta *Euchloron megaera* (África) tiene un cuerpo grueso y es una poderosa voladora.

Alas transparentes

La forma de las alas hace que esta mariposa nocturna, *Agalope caudata* (Japón), parezca más una mariposa diurna que una polilla.

Antenas plumosas de mariposa nocturna.

Una de las familias tropicales de más bello colorido es la de los Uránidos. Esta *Alcides aurora* vuela de día y se encuentra en Nueva Guinea y en las islas Salomón.

Esta *Charagia mirabilis* es australiana. Los aborígenes australianos recogen sus orugas y se las comen.

La *Hibrildes norax* (Africa) vuela de día e imita a una mariposa diurna de mal sabor. Y para mejorar aún más su camuflaje, levanta las alas sobre su cuerpo cuando se posa como una mariposa de día.

El macho tiene penachos olorosos al final del abdomen.

Uno de los más bellos ejemplares de la familia de los Satúrnidos es la Mariposa Luna de Madagascar, *Argema mitrei*. Tiene unos inquietantes ocelos sobre las alas (abajo).

En este antiguo grabado, dos mariposas esfinge suramericanas de la especie *Xylopanes chiron* se ven junto a la mariposa nocturna asiática *Euchromia polymena* (arriba).

Habitualmente, los machos tienen las antenas más plumosas.

Tórax cubierto de pelo muy espeso.

Las largas colas de las alas se desprenden si la mariposa es atacada por un predador.

No resulta extraño que la *Urania sloanus* (Jamaica) sea tomada frecuentemente por una mariposa diurna. Una mirada más atenta descubre sus antenas de mariposa nocturna (a la derecha).

Cola delicadamente ribeteada.

Como otras mariposas nocturnas de la familia Castníidos, la *Cyanostola hoppi* (Centroamérica) tiene colores brillantes en las alas posteriores. Cuando está descansando y, de repente, las muestra y las mueve, asusta a sus predadores.

Colores sorprendentes en las alas posteriores.

Antenas pectinadas

Esta mariposa nocturna suramericana mantiene las alas posteriores ligeramente adelantadas sobre las anteriores mientras está posada. Esto puede confundir a los predadores porque desdibuja su silueta. Los mechones de largas escamas (págs. 56-57) le sirven al macho para dispersar su olor.

La familia Brahmaeida sólo cuenta con unas 20 especies conocidas; sus miembros suelen ser de gran tamaño. Esta *Brahmaea wallichii* tiene un espléndido camuflaje; procede del sudeste de Asia.

Los sorprendentes dibujos de camuflaje incluyen dos grandes ocelos.

*Continúa en la página siguiente*

Las manchas blancas en las alas anteriores completan perfectamente el camuflaje de hoja seca.

Inquietantes ocelos

Cuando este Satúrnido, *Ludia dentata* (África), mueve sus alas anteriores, aparecen los «ojos» preparados para asustar a los predadores.

Las largas colas pueden confundir a los predadores.

El intrincado dibujo que forman sus escamas y la curiosa forma de las alas hacen de esta mariposa nocturna, *Copiopteryx decerto* (Suramérica) una especie muy particular.

Marcas que imitan una hoja rota.

La *Chetone phyleis* (Suramérica) es una mariposa nocturna que imita a la diurna *Heliconius* que tiene mal sabor (págs. 56-57).

Los tonos más pálidos de las alas anteriores acentúan el camuflaje cuando la mariposa está posada.

Cuando la mariposa nocturna acaba de salir del capullo, tiene las alas arrugadas y ofrece un aspecto extraño (págs. 24-25).

Pocas mariposas nocturnas grandes tienen un camuflaje que se disimule tan bien sobre el tronco de un árbol como el de la *Loxolomia serpentina* (Suramérica).

Se conoce muy poco acerca de la *Eupastrana fenestrata* (Suramérica), pero hay que reconocer que tiene un camuflaje muy efectivo.

Esta mariposa nocturna, *Acrojan rosacea* (abajo), vive en el oeste de África; cuando se la molesta mueve rápidamente las alas posteriores para asustar a sus predadores.

La mariposa nocturna *Campylotes kotzschi* (India) advierte, a través de sus colores, que tiene mal sabor y los pájaros la evitan.

El color pardo de las alas anteriores camufla a la mariposa cuando está posada.

*Viene de la página anterior.*

Cada segmento del ala está ribeteado de escamas.

La hembra del pequeño Pavón Nocturno, *Saturnia pavonia* (Europa), tiene el mismo tipo de antenas que su pariente la mariposa nocturna Gigante del Atlas (abajo).

El largo palpo labial puede estar destinado a probar los alimentos.

La extraordinaria *Orneodes dohertyi* (África) tiene las alas anteriores y las posteriores divididas en seis partes.

La *Arbina penicillana* (Suramérica) es una mariposa nocturna del grupo de los Pirálidos, que por razones que aún se desconocen, tiene unos palpos labiales muy largos (arriba).

La *Longicella mollis* (Indonesia) es una mariposa nocturna que vuela de día.

Las alas anteriores miden 200 mm de punta a punta.

El macho tiene como todos los Satúrnidos unas antenas plumeadas, que le ayudan a detectar el olor de la hembra.

Mancha sin escamas que refleja la luz como un espejo y que confunde a los predadores.

Algunas especies de mariposas nocturnas que vuelan de día de la especie Zigénidos tienen una mancha brillante que refleja la luz tornasolándola. Esta es una *Erasmia pulchella* (abajo).

Esta mariposa nocturna Gigante del Atlas, *Archaeoattacus edwardsi*, está entre las más grandes mariposas del mundo; desde luego, la superficie de sus alas es la mayor entre todas las mariposas nocturnas.

Esta *Cocytius durvilli* (Nueva Guinea) (abajo), luce un dibujo en las alas y unas antenas que, durante el vuelo, la hacen parecer una abeja o una avispa, por lo que los predadores no la atacan.

Este color advierte a los predadores que el sabor es desagradable.

Las alas transparentes contribuyen a dar apariencia de avispa a esta mariposa nocturna.

# Mariposas nocturnas que vuelan de día

SE PIENSA QUE LAS MARIPOSAS nocturnas son generalmente criaturas que viven de noche y, aunque es cierto que de las 150.000 especies que hay la mayoría vuela de noche, existe un gran número de ellas que lo hacen de día. Muchas mariposas nocturnas vuelan de día cuando se las molesta, pero las que aparecen en esta doble página son voladoras diurnas habituales. Al volar durante el día ocurre que su comportamiento se parece al de las mariposas diurnas, pero la forma de su cuerpo y especialmente la forma en que sus alas anteriores y posteriores se unen, muestran claramente que son polillas. Muchas de ellas pueden ser confundidas con mariposas, pero la forma de sus alas es diferente y sus antenas no terminan por lo general en una maza (págs. 6-7). Claro que siempre hay excepciones: las mariposas nocturnas Zigénidos tienen las antenas abultadas y algunos Uránidos tienen alas con forma de mariposa, aunque sus antenas son finas y como las de las mariposas nocturnas. Las mariposas nocturnas que vuelan de día incluyen especies como la Esfinge-colibrí que se detiene en vuelo frente a las flores de las que liba a través de su larga probóscide.

Estas dos Pirálidos son (arriba) la *Pyrausta purpuralis* (Europa y Asia) y la *Eurrhypara hortulata* (Europa y Asia).

Las alas de esta *Euchromia lethe* (África) no son tan decorativas como las de otras mariposas nocturnas, pero tiene franjas de color en el cuerpo. Muchas polillas las tienen. Algunas imitan a las avispas, mientras que otras tienen colores más vivos. Esta especie aparece algunas veces en las bananas importadas.

Alas como las de las mariposas y antenas finas, junto a sus brillantes colores hacen de esta mariposa nocturna un ejemplar muy curioso.

Para conseguir que las mariposas acudan a un jardín, se deben cultivar plantas que las atraigan por su néctar y su perfume. Algunas plantas como la verónica (derecha), la buddleia y el aster resultan especialmente atractivas para mariposas diurnas y nocturnas.

Cuerpo peludo y rayado como el de una abeja.

La abeja-polilla *Melittia gloriosa* tiene un sorprendente parecido con una abeja, que todavía es más evidente cuando vuela. Come raíces de calabaza y calabacín.

La *Urania sloanus* es una mariposa nocturna cuya oruga se alimenta de plantas que son venenosas para otros insectos, pero no para ella; el insecto resulta así protegido.

Esta *Gnophaela arizonae* (Norte y Centroamérica) vuela despacio y se la encuentra a menudo en muchos prados a alturas de 2.500 m sobre el nivel del mar. Su vuelo diurno y tan lento y sus atrevidos colores hacen suponer que los predadores no la atacan porque tiene mal sabor.

Esta Geométrida, *Milionia paradisea* (Papúa, Nueva Guinea), tiene colores metálicos que reflejan la luz del sol cuando vuela.

Esta *Syntomis phegea* (Europa y Asia), es frecuente cerca de las flores de las zonas cálidas de Europa y Asia. Tiene mal sabor y los pájaros la evitan.

El aspecto metálico de esta *Milionia exultans* (Archipiélago de Bismarck), se debe a las escamas de sus alas que tienen bordes que reflejan la luz solar.

Oruga de la *Melanchra persicariae*.

Esta *Zygaena ephialtes* (Europa y Asia) es una polilla que vuela de día muy buscada por los coleccionistas, ya que hay ejemplares con diferentes formas en las alas y con manchas rojas o amarillas.

La *Zygaena occitanica* (Europa) tiene también variantes en la forma de las alas y es igualmente muy buscada por los coleccionistas.

Mariposa nocturna Esfinge-colibrí.

Oruga de la Esfinge-colibrí.

*Melanchra persicariae*

Muchas personas han creído ver en Europa o en Asia un «pájaro-mosca» y lo que en realidad han visto es la Esfinge-colibrí, *Macroglossum*.

La verónica es una planta bastante apta para resistir el tiempo frío.

Muchos miembros del grupo Agarístidos tienen colores de advertencia en las alas.

Esta ilustración de una Esfinge-colibrí es un dibujo de Moses Harris para un libro del siglo XVIII que ya es un clásico: *The Aurelian* (pág. 58). En el suelo aparece la *Melanchra persicariae* (Europa y Asia).

Los Agarístidos, como esta *Exsula dentatrix* (Asia), son en su mayor parte mariposas nocturnas tropicales con pocos representantes en Norteamérica y ninguno en Europa. Muchas vuelan de día y lucen brillantes colores con el naranja y el negro como base.

Bastantes mariposas nocturnas tienen los colores de esta *Ephestris melaxantha* (Suramérica), probablemente para advertir a los predadores. La mayor parte de ellas vuela de día, aunque se conocen poco sus costumbres.

# Migración e hibernación

LAS MIGRACIONES DE LOS PÁJAROS SE CONOCEN desde hace cientos de años, pero las migraciones de las mariposas se han descubierto recientemente. A diferencia de los pájaros, la mayor parte de las mariposas emigran en una sola dirección, desde el lugar en que han nacido hasta una región distinta. Hay varias posibles razones para esto: evitar la superpoblación, encontrar un nuevo hábitat cuando el que se ocupa ha sido destruido o como respuesta a un cambio en las estaciones. Mientras que los pájaros tienden a emigrar cuando empieza el mal tiempo, las mariposas emigran a menudo cuando el tiempo mejora. Por ejemplo, algunas especies van hacia el norte desde el norte de África y el sur de Europa cuando el crecimiento de nuevas plantas proporciona lugar apropiado para la puesta de huevos. Pueden hacer vuelos con paradas e interrupciones; algunas se aparean en el camino.

## CLAVES PARA EL MAPAMUNDI

- Monarca
- Esfinge-colibrí
- Phoebus sennae
- Autographa gamma
- Cynthia cardui
- Catopsilia florella
- Agrotis infusa

El mapamundi muestra algunos de los principales puntos de partida de las migraciones de mariposas diurnas y nocturnas. Algunas tienen unas rutas claramente definidas. Un buen ejemplo es el de la mariposa nocturna australiana Bogong, *Agrotis infusa*, que viaja desde el norte al sur de Australia en tales cantidades que causa problemas porque puede bloquear la maquinaria de las fábricas en que se posa a descansar. Otras especies, como la *Cynthia cardui* toma rutas diferentes a través de la Tierra.

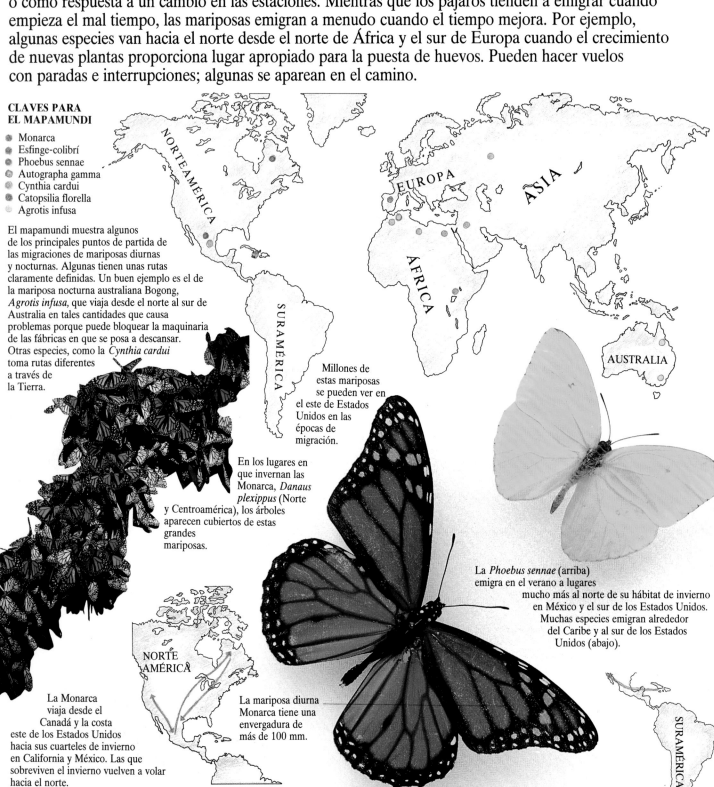

Millones de estas mariposas se pueden ver en el este de Estados Unidos en las épocas de migración.

En los lugares en que invernan las Monarca, *Danaus plexippus* (Norte y Centroamérica), los árboles aparecen cubiertos de estas grandes mariposas.

La *Phoebus sennae* (arriba) emigra en el verano a lugares mucho más al norte de su hábitat de invierno en México y el sur de los Estados Unidos. Muchas especies emigran alrededor del Caribe y al sur de los Estados Unidos (abajo).

La Monarca viaja desde el Canadá y la costa este de los Estados Unidos hacia sus cuarteles de invierno en California y México. Las que sobreviven el invierno vuelven a volar hacia el norte.

La mariposa diurna Monarca tiene una envergadura de más de 100 mm.

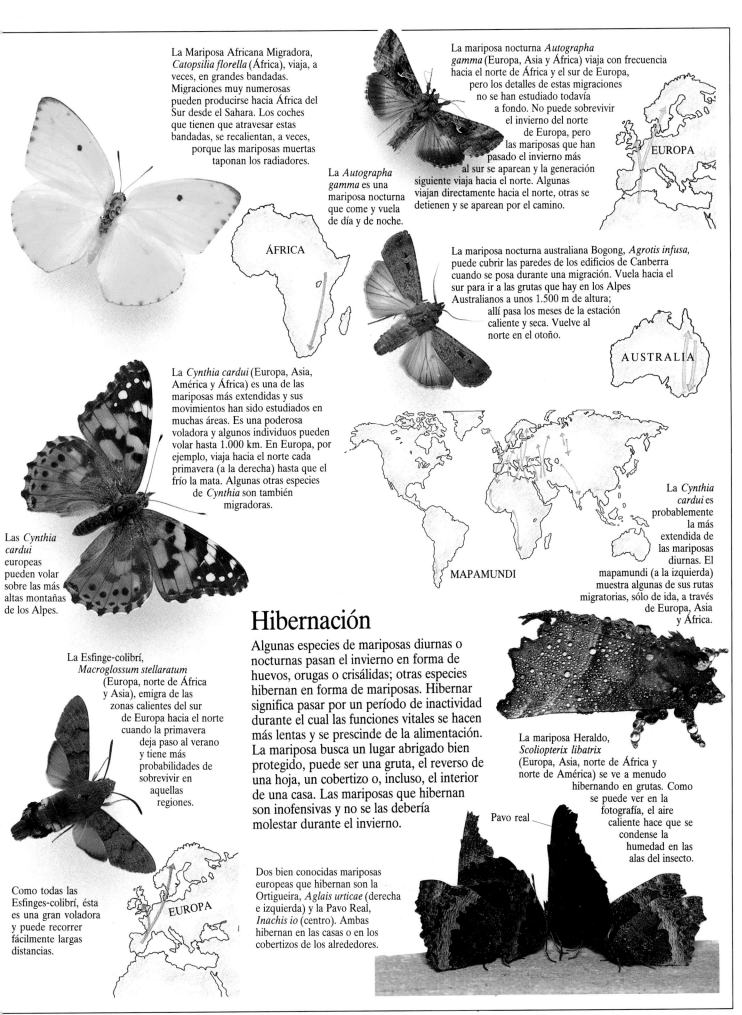

La Mariposa Africana Migradora, *Catopsilia florella* (África), viaja, a veces, en grandes bandadas. Migraciones muy numerosas pueden producirse hacia África del Sur desde el Sahara. Los coches que tienen que atravesar estas bandadas, se recalientan, a veces, porque las mariposas muertas taponan los radiadores.

La *Autographa gamma* es una mariposa nocturna que come y vuela de día y de noche.

ÁFRICA

La mariposa nocturna *Autographa gamma* (Europa, Asia y África) viaja con frecuencia hacia el norte de África y el sur de Europa, pero los detalles de estas migraciones no se han estudiado todavía a fondo. No puede sobrevivir el invierno del norte de Europa, pero las mariposas que han pasado el invierno más al sur se aparean y la generación siguiente viaja hacia el norte. Algunas viajan directamente hacia el norte, otras se detienen y se aparean por el camino.

EUROPA

La mariposa nocturna australiana Bogong, *Agrotis infusa*, puede cubrir las paredes de los edificios de Canberra cuando se posa durante una migración. Vuela hacia el sur para ir a las grutas que hay en los Alpes Australianos a unos 1.500 m de altura; allí pasa los meses de la estación caliente y seca. Vuelve al norte en el otoño.

AUSTRALIA

La *Cynthia cardui* (Europa, Asia, América y África) es una de las mariposas más extendidas y sus movimientos han sido estudiados en muchas áreas. Es una poderosa voladora y algunos individuos pueden volar hasta 1.000 km. En Europa, por ejemplo, viaja hacia el norte cada primavera (a la derecha) hasta que el frío la mata. Algunas otras especies de *Cynthia* son también migradoras.

Las *Cynthia cardui* europeas pueden volar sobre las más altas montañas de los Alpes.

MAPAMUNDI

La *Cynthia cardui* es probablemente la más extendida de las mariposas diurnas. El mapamundi (a la izquierda) muestra algunas de sus rutas migratorias, sólo de ida, a través de Europa, Asia y África.

La Esfinge-colibrí, *Macroglossum stellaratum* (Europa, norte de África y Asia), emigra de las zonas calientes del sur de Europa hacia el norte cuando la primavera deja paso al verano y tiene más probabilidades de sobrevivir en aquellas regiones.

Como todas las Esfinges-colibrí, ésta es una gran voladora y puede recorrer fácilmente largas distancias.

EUROPA

# Hibernación

Algunas especies de mariposas diurnas o nocturnas pasan el invierno en forma de huevos, orugas o crisálidas; otras especies hibernan en forma de mariposas. Hibernar significa pasar por un período de inactividad durante el cual las funciones vitales se hacen más lentas y se prescinde de la alimentación. La mariposa busca un lugar abrigado bien protegido, puede ser una gruta, el reverso de una hoja, un cobertizo o, incluso, el interior de una casa. Las mariposas que hibernan son inofensivas y no se las debería molestar durante el invierno.

Dos bien conocidas mariposas europeas que hibernan son la Ortigueira, *Aglais urticae* (derecha e izquierda) y la Pavo Real, *Inachis io* (centro). Ambas hibernan en las casas o en los cobertizos de los alrededores.

La mariposa Heraldo, *Scoliopterix libatrix* (Europa, Asia, norte de África y norte de América) se ve a menudo hibernando en grutas. Como se puede ver en la fotografía, el aire caliente hace que se condense la humedad en las alas del insecto.

Pavo real

# Formas, colores y dibujos

LAS MARIPOSAS NOCTURNAS están entre los seres más coloreados del mundo. Las mariposas diurnas se han llamado «flores que vuelan», pero las mariposas nocturnas les ganan en variedad de formas y dibujos en las alas.

El color y los dibujos juegan un importante papel en la vida de estos insectos. Les proporcionan una protección en forma de camuflaje (págs. 50-51) o pueden advertir de la presencia del insecto. Al hacer visible al insecto, los colores recuerdan a los predadores que tiene mal sabor y no se debe comer; ciertos colores pueden imitar un insecto peligroso, una avispa, por ejemplo, que es otra forma de desanimar a los predadores. Y, por otra parte, los colores vivos pueden ayudar a encontrar pareja.

La Abejilla del Álamo, *Sesia apiformis* (América, Europa y Asia), es una polilla que vuela de día. Se parece al avispón y hasta imita su forma de volar. Pocos predadores se atreverán a acercarse a alguien tan «peligroso».

La *Apsara radians* (Asia), un Noctuido asiático, tiene un dibujo de ala rota.

Las marcas desdibujan el contorno de este Noctuido africano, la *Mazuca strigicincta*.

El Noctuido *Diphtera festiva* (Centro y Suramérica) es casi invisible sobre el fondo habitual.

Este Noctuido, *Baorisa hieroglyphica* (este de Asia), tiene líneas y franjas que rompen la silueta de sus alas.

La oruga de la *Acronicta alni* (Europa) se parece, cuando es joven, a un excremento de pájaro. Luego, toma un aspecto más agresivo cuando las marcas blancas son sustituidas por otras de color naranja. Los pelos de su espalda le dan un aspecto extraño.

El dibujo de las alas le sirve de camuflaje.

Falsos «ojos»

Flagelos

La oruga de la Harpía, *Cerura vinula* (Europa y Asia) utiliza las rayas rojas y los falsos ojos cuando quiere asustar; y también agita los dos flagelos que tiene al final de la cola.

El contorno de las alas combinado con el colorido y el dibujo, hacen que esta mariposa nocturna, *Nothus lunus* (Centro y Suramérica) pase casi inadvertida cuando está posada. Los ocelos que tiene en la cola pueden servirle para desanimar a los predadores, aunque esto no ha podido observarse todavía.

Ocelo

Esta mariposa nocturna Pirálido, *Margaronia quadrimaculalis* (este de Asia), tiene las alas de un blanco perla, interrumpido por dibujos de color pardo.

Esta Pirálido, *Gyphodes militans* (este de Asia) consigue protección porque su cuerpo se asemeja al de una avispa.

Las alas anteriores de la *Rhodononeura limatula* (Madagascar) le proporcionan un camuflaje muy eficaz.

La *Cerace xanthocosma* (Japón) por sus manchas y combinación de colores ha sido llamada la «Mariposa nocturna Calidoscopio».

Esta Arctido, *Composia credula* (zona del Caribe) muestra un dibujo en negro y rojo que advierte a los predadores de su mal sabor.

Esta mariposa nocturna *Thysania agrippina* (Centro y Suramérica) tiene problemas de seguridad personal debidos a su tamaño. Para protegerse utiliza ese delicado dibujo en las alas que la hace apenas visible cuando se posa sobre un tronco.

La mariposa nocturna *Micronia astheniata* (Asia) tiene unas líneas que interrumpen la pálida coloración de sus alas. Los puntos de su cola pueden atraer la atención de los pájaros y evitar que ataquen el cuerpo del insecto.

La cola se alza en gesto agresivo.

La oruga de la Guerrero del Haya, *Stauropus fagi* (Europa y Asia), toma una postura muy agresiva cuando se la molesta. Alza la cabeza y la balancea hacia atrás y levanta la cola y la sacude de un lado a otro.

Las alas tienen una envergadura de 300 mm.

La Tortrícido, *Acleris emargana* (Norteamérica, Europa y Asia), utiliza como base de su camuflaje la supresión de las líneas rectas; las alas anteriores son especialmente onduladas y ocultan las posteriores, que son blancas, cuando la mariposa está descansando sobre un tronco; el color de las alas anteriores la hace invisible sobre una rama.

Ala anterior ondulada

La *Himantopterus marshalii*, una mariposa nocturna Zigénido de África, tiene una silueta muy particular debido a sus largas alas posteriores que parecen colas. Cuando la mariposa revolotea sobre la hierba, sus alas posteriores flotan arriba y abajo detrás de ella.

Características alas posteriores que son como largas colas.

# Camuflaje

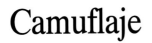

TODOS LOS ANIMALES han desarrollado técnicas de protección para defenderse de sus enemigos. Las mariposas practican el arte de «desaparecer» confundiéndose con su entorno para evitar una muerte prematura. Pueden conseguir esto imitando algún objeto, o tomando los colores y dibujos de los árboles, de las hojas o de las rocas de la zona. Como resultan especialmente vulnerables durante el día, muchas orugas y mariposas nocturnas que descansan durante el día han perfeccionado los métodos de ocultación. Las mariposas que vuelan de día y que generalmente se posan con las alas levantadas por encima del cuerpo, han adoptado otras formas de camuflaje. Algunas mariposas diurnas de bosque se posan como las mariposas nocturnas, con las alas extendidas, mientras que otras especies se disfrazan de hojas vivas o muertas. La mariposa que más ha perfeccionado esta sabia forma de camuflaje es la Hoja India, que verdaderamente es una maestra del disfraz.

Una de las razones principales por las que muchas mariposas se camuflan es para escapar de los pájaros predadores.

La mariposa levanta la cabeza.

Ala de la mariposa

Mariposa Hoja India posada sobre una rama.

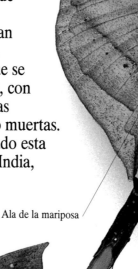

Cara inferior de la mariposa de color pardo.

Parecido con el tallo y las venas de la hoja.

El más extraordinario ejemplo de camuflaje lo ofrece la Mariposa Hoja India, *Kallima inachus* (sureste de Asia). Cuando se posa presenta un asombroso parecido con una hoja seca en una rama. Con frecuencia se posa en el suelo sobre un montón de hojas y resulta prácticamente invisible.

Cara superior de la Mariposa Hoja India, azul y anaranjada.

Las manchitas de la cola de esta mariposa *Cyphura pardata* (Nueva Guinea), pueden distraer a los pájaros y evitar que piquen en partes más vitales del insecto. La mariposa podrá así escapar, incluso si el ala ha resultado un poco dañada. La parte principal de las alas presenta un dibujo irregular cuando el insecto está posado.

Dibujo irregular en las alas.

Hace algunos años, se descubrió que la mariposa nocturna *Biston betularia* (Europa), había cambiado gradualmente de un color claro a otro más oscuro para escapar de los pájaros que la descubrían con gran facilidad sobre los árboles oscurecidos por la contaminación y el humo. En el campo conservaba su blanco moteado.

Forma oscura

Forma moteada

Estas mariposas nocturnas Noctuidos, fotografiadas en la selva húmeda de Costa Rica, están muy bien protegidas por un extraordinario parecido con los líquenes que cubren la corteza del árbol.

Esta oruga de mariposa nocturna (a la izquierda) de especie desconocida, se confunde de tal modo con la corteza del árbol que resulta invisible a los predadores.

Las manchas blancas dan la impresión de una hoja rota.

Esta mariposa nocturna suramericana, *Belenoptera sanguine,* reproduce en sus alas los dibujos de una hoja muerta. Cuando se posa, enrolla la parte delantera de las alas para imitar un tallo.

Mariposa nocturna moteada, posada sobre un árbol en el bosque de Sherwood, Inglaterra.

Para darle más realismo a su camuflaje esta mariposa nocturna Pirálido, *Siga liris* (Suramérica) tiene manchas claras irregulares sobre las alas. Cuando está posada, las manchas dan idea de una hoja dañada.

Mariposa nocturna Notodóntido (Suramérica).

Camuflaje que imita madera.

Mariposa nocturna Notodóntido (Suramérica).

La oruga de esta Mariposa de la Madera (Centroamérica) perfora los árboles. La mariposa resulta casi invisible sobre la corteza del árbol (derecha).

Estas tres mariposas disecadas se han dejado en su posición de descanso para que se vea lo perfecto de sus camuflajes. Para sobrevivir tienen que disimular que son mariposas nocturnas y así evitar que las descubran los pájaros y los lagartos.

Parece imposible encontrar un mejor ejemplo de cómo una mariposa nocturna puede disimularse sobre su entorno. Esta pertenece a una especie no clasificada todavía.

Mariposa nocturna Satúrnido de la especie *Automeris* (Suramérica).

Camuflaje de hoja muerta.

55

# Mimetismo y otros comportamientos curiosos

Aunque la mayor parte de las mariposas, diurnas o nocturnas, vive una vida «normal», hay especies que presentan un comportamiento inusual. Hay mariposas nocturnas que pueden nadar bajo el agua y hay orugas que se albergan en hormigueros o colmenas. Y hay casos sorprendentes en que unos Lepidópteros mimetizan otras especies.

Si algunas mariposas tropicales vuelan despacio y se destacan por sus colores vivos es generalmente porque son venenosas para los predadores; pero no hay que dejarse engañar por «la misma especie de mariposa» que vuela al lado; ésa no es venenosa, es sólo una buena imitación.

Fruto con el agujero que la Mariposa nocturna hizo para salir al terminar su etapa de crisálida.

Oruga

La «judía saltarina» no es en realidad una judía, es un pequeño fruto dentro del cual ha perforado un agujero la oruga de la *Cydia saltitans* (Centroamérica). Cuando este fruto se pone cerca del calor, la oruga que se alberga dentro, se retuerce y salta y el pequeño fruto salta con ella. La oruga lo hace para apartarse del calor solar.

*Dismorphia orise*, familia de los Piéridos. No sabe mal. Imita a la de abajo.

*Methona confusa*, familia de los Ninfálidos. Tiene mal sabor.

*Lycorea phenarete*, familia de los Ninfálidos. No sabe mal. Imita a la de arriba.

*Gazera linus*, familia de los Castníidos. No sabe mal. Imita a la de arriba.

Las orugas de la mariposa nocturna *Eldana saacharina* son una amenaza en África, porque perforan las cañas de azúcar.

La mariposa nocturna *Filodes sexpunctalis* es una especie que utiliza su probóscide para alimentarse del líquido que hay alrededor de los ojos de las vacas y al hacerlo transmite enfermedades.

La oruga de esta mariposa nocturna *Elophila nympheata* (Europa y Asia) vive en las plantas acuáticas (véase página opuesta).

Los criadores de abejas tienen que vigilar a las orugas de la *Galleria* (Norteamérica) que no solamente se comen la cera, sino que tejen galerías de seda que destrozan el panal (a la derecha).

Mariposa nocturna Noctuido (se desconoce su especie y el lugar de procedencia).

El penacho oloroso ha sido vuelto hacia fuera para que se vea.

Mariposa nocturna *Creatonotos gangis* (Australia y Asia), es un Árctido.

Los extraños penachos que sobresalen del abdomen de estas mariposas nocturnas, aparecen sólo en ciertas especies; el macho los utiliza para dispersar su olor, que atrae a las hembras en la época del apareamiento.

Aunque estas cuatro mariposas suramericanas presentan un asombroso parecido, no solamente no pertenecen todas a la misma familia, sino que una de ellas es una mariposa nocturna. La mariposa nocturna y dos de las diurnas resultan protegidas porque imitan a la *Methona confusa* que tiene mal sabor (más sobre mimetismo en la página opuesta).

Alas transparentes cubiertas de pelo fino, pero pocas escamas.

Esta es la *Elophila nympheata* (véase página opuesta) y su oruga se ha construido un refugio en una planta acuática.

La mariposa plateada *Argyrophorus argenteus* es una de las más bonitas de Suramérica. Cuando vuela en las áreas de alta montaña en los Andes, sus metálicas alas plateadas reflejan la luz y la mariposa hace el efecto de aparecer y desaparecer.

Escamas

La *Haetera maclennania* vive en las selvas del Sur y Centroamérica donde su aspecto fantasmal la hace casi invisible. Las mariposas diurnas o nocturnas con las alas transparentes tienen menos escamas que los otros Lepidópteros.

Aunque las dos mariposas de abajo y de abajo a la izquierda son muy diferentes, en realidad las dos son *Precis octavia* (África). Estas mariposas lucen dibujos diferentes según se hayan desarrollado en la estación seca o en la húmeda.

Oruga en su refugio en la cara inferior de la hoja.

Forma de la estación seca.

Mecanismo de enganche entre las dos alas como el de las mariposas nocturnas.

Lo mejor es no tocar esta oruga de la mariposa nocturna tropical Limacodide; los pelos de sus púas son venenosos.

Esta mariposa diurna australiana, *Euschemon rafflesia*, puede ser una de las más primitivas. Tiene un mecanismo de enganche de las dos alas semejante al que tienen las mariposas nocturnas.

En esta cadena mimética la *Heliconius erato* del Ecuador copia a la igualmente venenosa *Heliconius melpomene* (Ecuador). Las dos subespecies brasileñas (a la derecha) son todavía más parecidas.

Forma de la estación húmeda.

# Mimetismo

Una de las formas más curiosas que emplean las mariposas diurnas o nocturnas para protegerse es imitando a especies vecinas. Este mimetismo toma muchas veces la forma de una mariposa comestible que copia los dibujos y colores de otra venenosa o de mal sabor. Los pájaros y otros predadores aprenden a reconocer los colores de advertencia y los evitan, de esta forma quedan protegidas las especies miméticas que sí son comestibles.

*Heliconius erato* (Ecuador).

*Heliconius melpomene* (Ecuador).

*Heliconius erato* (Brasil).

*Heliconius melpomene* (Brasil).

# Especies en peligro

Ocelos pintados

COMO DEPENDEN DE LAS PLANTAS SILVESTRES y del campo abierto, a las mariposas les afectan mucho los cambios que se producen en su entorno, especialmente aquellos causados por el hombre. En los últimos tiempos muchos de estos bellos insectos empezaron a escasear, luego fueron especies en peligro y, por fin, se han extinguido. Las mariposas son más abundantes en los trópicos que en Europa o en Norteamérica, pero incluso en los trópicos la destrucción de las selvas ha reducido el número y la variedad. En climas más templados el aumento de los campos de cultivo ha supuesto que muchos más insectos han entrado en las listas de animales en peligro. Muchas de estas especies figuran en el Libro Rojo de la Unión Internacional para la Conservación de la Naturaleza.

Este famoso fraude tuvo lugar alrededor del año 1702. Después de haber pintado ocelos en las alas de unas Limoneras, un «coleccionista» afirmó que eran una nueva especie, que después se llamó «*Papilio ecclipsis*».

Nuestro conocimiento de los Lepidópteros está fundamentalmente basado en el trabajo de los primeros coleccionistas, como el de este inglés, Moses Harris, cuyo libro *The Aurelian*, publicado en 1766 es un clásico.

Ala desgarrada

Alas anchas y largas colas, típicas de las Papilio.

La *Papilio chikae* filipina ha sido descubierta recientemente. Y no sólo su entorno está amenazado, sino que ella misma corre peligro a causa de los coleccionistas.

Esta es ciertamente la mariposa nocturna europea más hermosa, la Luna Española, *Graellsia isabellae* (Alpes franceses y el centro de España), está protegida por la ley.

El único Satúrnido europeo con colas en las alas posteriores.

Grabado antiguo de una mariposa preparada para colección.

Grabado del siglo XIX que muestra una caja de colección (izquierda).

Antes se encontraba en las dunas costeras de California.

La Xerces Society, un grupo conservacionista extendido por todo el mundo, se fundó en memoria de la Xerces Azul californiana, que fue vista por última vez cerca de San Francisco en 1941.

## Especies desaparecidas

En Estados Unidos ha desaparecido la Xerces Azul; en Inglaterra varias especies comunes abundantes están ahora extinguidas. Algunos aficionados entusiastas han tratado de introducir subespecies emparentadas con ellas y procedentes del continente para reemplazar a las especies británicas extinguidas; pero en otras partes del mundo las especies extinguidas no pueden reemplazarse. Muchas especies han desaparecido y no hay manera de recuperarlas.

La *Thetidia smaragdaria* (Europa) es ahora escasa en Inglaterra.

Después de que sus hábitats fueran destruidos casi por completo, la Manto Grande y la Hormiguera de Lunares se extinguieron en Inglaterra. Ahora se han traído subespecies del continente europeo y se las ha instalado en áreas especialmente elegidas.

La Hormiguera de Lunares, *Maculinea arion* (Europa), ha sido recientemente reintroducida en el suroeste de Inglaterra.

La hermosa Manto Grande, *Lycaena dispar* (Europa), se extinguió en Gran Bretaña en el siglo XIX (pág. 28).

Alas muy anchas y con preciosos dibujos.

La mariposa Fritilaria, *Speyeria idalia*, aparece en Canadá y en alguno de los Estados Unidos; pero como sus prados de hierba se están convirtiendo en campos de cultivo, su número se hace cada vez más escaso.

El Muséum Nationale d'Histoire Naturelle, París; el Smithsonian, Washington; el Natural History Museum, Londres, y otras grandes colecciones nacionales fueron preparadas por coleccionistas particulares muy entusiastas.

La mayor amenaza para las mariposas no procede de los coleccionistas o de las enfermedades, sino de la creciente destrucción de sus hábitats. En muchas naciones está ahora prohibido coleccionar mariposas, así que cada vez se destruyen menos especies a causa de los coleccionistas; pero en todo el mundo se están destruyendo importantes zonas en las que vivían mariposas, como las selvas de Centroamérica. Muchos insectos resultan muertos a causa de los herbicidas e insecticidas.

La *Papilio hospiton* sólo se encuentra en las regiones montañosas de Córcega y Cerdeña. Nunca fue muy numerosa y y ahora su caza está prohibida por la ley.

Este ejemplar representa al macho más coloreado; algunas hembras alcanzan una envergadura de 280 mm.

La *Papilio homerus* sólo se encuentra en Jamaica y desgraciadamente los coleccionistas la buscan con empeño. Está en la lista de especies en peligro (págs. 26-27).

Una de las mayores mariposas conocidas es la *Ornithoptrea alexandrae* (Nueva Guinea), está sufriendo por la destrucción de sus selvas natales y la persecución de los coleccionistas.

La *Aporia crataegi* es cada vez más escasa en Europa y ha desaparecido por completo en Inglaterra. Su oruga destruía los árboles frutales.

Largas colas fácilmente identificables de casi todas las Papilio.

Gran contraste de colores claros y oscuros de la mayor parte de las Papilio.

Aunque esta Papilio *Eurytides marcellinus* se puede encontrar todavía en algunos lugares de Canadá y de Estados Unidos, está amenazada a causa de la progresiva desaparición de las plantas que come y el crecimiento de las ciudades.

# Como observar a las mariposas

**D**URANTE MUCHOS AÑOS, la gente ha coleccionado mariposas como pasatiempo o con fines científicos; pero puede ser más interesante observar a las mariposas libres en la naturaleza y, desde luego, es mucho mejor para ellas. Se pueden fotografiar mariposas o cazarlas en una red para estudiarlas y dejarlas libres después. La mayor parte de las polillas vuela de noche, pero se pueden estudiar los miembros de las familias que vuelan de día. Cuando se observa a las mariposas, se pueden encontrar las respuestas a muchas preguntas acerca de su comportamiento. ¿Comen a una hora determinada? ¿Tienen un territorio, y si lo tienen, cómo lo defienden? ¿Emigran, y si lo hacen, cuándo lo hacen? Sus rutas de vuelo ¿cambian al cambiar las estaciones? Estudiar a las mariposas de esta manera es fácil, no se necesitan muchos instrumentos y no se las daña, lo único que hace falta es... paciencia.

Representación hecha el siglo pasado de la moda de coleccionar insectos.

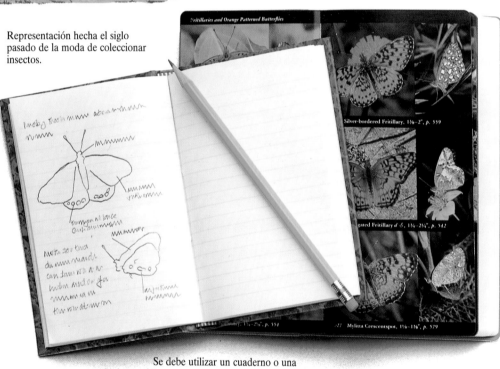

Reunir una colección de mariposas fue, en otras épocas, un pasatiempo muy frecuente.

Se debe utilizar un cuaderno o una grabadora para tomar notas sobre el aspecto y comportamiento de cada mariposa y registrar también la fecha, la hora y las condiciones atmosféricas reinantes, además del lugar y detalles del entorno. Una buena guía de campo ayuda en la identificación.

### ADVERTENCIA PARA LOS COLECCIONISTAS

Muchas mariposas están protegidas por las leyes, y en algunos países está prohibido cazarlas sin un permiso especial. Cazar mariposas o estudiarlas en reservas naturales es algo que generalmente está muy controlado y para lo que se precisan licencias especiales. Ciertas mariposas no se pueden cazar ni exportar de algunos países sin permiso. En España existe un Libro Rojo de los Lepidópteros, en el que figuran más de 40 especies protegidas.

Macroobjetivo, que agranda las imágenes, para los primeros planos.

Una cámara reflex con macroobjetivo es lo ideal. La luz solar dará los mejores resultados; se debe utilizar flash en la sombra.

En el campo se utiliza una telelente 8 × 20, que permite observar objetos a una distancia corta; tiene 8 aumentos y una lente de 20 mm.

Un cristal o una tapadera de plástico permiten examinar un insecto y luego soltarlo. No se debe mantener un insecto encerrado durante demasiado tiempo.

Cajas

Este coleccionista del siglo pasado utiliza una red de doble mango que se usaba para cazar pájaros. Hacia 1800 la gente pensaba que cazar mariposas era un pasatiempo inofensivo.

Frasco para coleccionista.

Se mueve la red en la forma que indica el dibujo. Al llevar la red hacia atrás la mariposa será empujada hacia el fondo. Un giro rápido de la muñeca dejará al insecto atrapado dentro de la red. Al utilizar la red de esta forma hay que tener cuidado de no tocar ramas o espinas que estropearían la red y dañarían al insecto.

Se debe poner una ramita dentro del frasco para que el insecto pueda posarse, así se estará quieto y no se dañará golpeándose contra las paredes.

El cerco redondo de la red reduce el riesgo de dañar a la mariposa.

Mirarlo a través de una lupa es muchas veces la única manera de observar pequeños detalles mencionados en los libros.

Red para cazar insectos, no es adecuada para cazar mariposas.

Red grande hecha de un tul muy fino para no dañar a la mariposa; el color oscuro se ve menos que uno más claro.

Red emperador

La red emperador se inventó para atrapar a las mariposas que vuelan alto en las copas de los árboles como la *Apatura iris* (Europa y Asia, pág. 29).

# Crianza de mariposas

Caja del siglo pasado para crianza de orugas.

**M**UCHAS MARIPOSAS Y POLILLAS son fáciles de criar a partir de los huevos con tal de que se respeten una serie de condiciones básicas. Siempre hay que manejar a los insectos con cuidado, mantenerlos a una temperatura cercana a la de su entorno natural y dar a cada especie la alimentación adecuada. Además, la comida de las orugas tiene que estar fresca: hojas recién cortadas o plantas criadas en maceta. A veces, puede parecer que la comida está en buenas condiciones, pero las orugas no la quieren y generalmente es porque las hojas están poco frescas o contienen poca agua. Todavía se conoce muy poco acerca de las exactas necesidades de las orugas que comen plantas: algunas son muy selectivas, otras en cambio, como las orugas de las mariposas nocturnas Pirálidos, que comen grano o harina, son muy fáciles de criar. Las mariposas que comen, pueden alimentarse sobre flores cortadas o flores en macetas. Muchas de ellas libarán de una ligera solución de azúcar o miel y agua. En general no se debería mantener en cautividad a una mariposa durante mucho tiempo. Una vez que ha salido de la crisálida, debe liberársela tan pronto como las condiciones climatológicas lo aconsejen.

## Instalación de las orugas

Las orugas se pueden instalar en una caja especial o sobre una planta bajo una cubierta de tul. Aunque algunas especies no se alimentan más que de una clase de planta, otras aceptarán una comida más variada. Si tienen la oportunidad, algunas orugas llegan a comer cosas como plásticos o fibras artificiales y no sobreviven, claro.

Cubierta de tela fina

Armazón de madera

Las suaves paredes de tela fina protegen a las delicadas orugas. Un cierre de cremallera da acceso al interior; el papel recibe los desechos.

Planta

Papel de periódico

Una bandeja de plástico forma la base.

Las orugas vivirán muy a gusto sobre la planta que comen criada en una maceta, pero comen muchísimo, así que será prudente tener plantas de repuesto.

Las orugas son muy delicadas. La mejor manera de manejarlas es utilizando un pincel. Algunas orugas tienen pelos irritantes, lo cual es una razón más para manejarlas de esta manera.

Papel de periódico

Cremallera en el cierre

Se protegerá a las orugas y a la planta que comen cubriéndolas con una gasa fina. Habrá que cuidar que las voraces orugas no destrocen la planta por completo.

Aquí se muestran las orugas de la Mariposa nocturna de Seda del Roble, *Antheraea harti* (Asia); están comiendo sobre unas ramas de roble que se mantienen en agua; así se conservan frescas durante un tiempo, pero hay que renovarlas a menudo. Es mejor tener las orugas y su comida dentro de una caja, aunque estas orugas están siempre ocupadísimas comiendo y no suelen moverse más que para ir de una hoja a otra.

Oruga de la Mariposa de Seda del Roble comiendo.

Capullo

Capullo

Pedazos de papel que evitan que las orugas puedan ahogarse en el agua.

Agua

Las ramas tocan la superficie de la mesa, si alguna oruga cae podrá volver a trepar a la rama.

# Cuidado de las mariposas

Cuando las mariposas emergen, necesitan una comida distinta: un ramo de flores o una solución muy diluida de miel y agua. También se les puede dar zumo de frutas (véase más abajo). Las mariposas pueden aparearse antes de que se las deje en libertad con lo que se conseguirán huevos y se podrá repetir el ciclo vital.

Se debe sujetar a la mariposa suavemente por la base de las alas, sin apretar demasiado. Una excesiva presión sobre el tórax puede dañarla y es uno de los métodos que los coleccionistas utilizan para matar a las mariposas.

Tórax

Algunas veces se consigue que una mariposa nocturna se suba en un dedo y ésta es la mejor manera de llevarla hasta una caja para que críe o para estudiarla.

*Hamadryas feronia* (continente americano).

Tórax

Se puede ofrecer a las mariposas trozos de frutas para que liben su zumo. Esta es una técnica muy empleada por los criadores de mariposas que utilizan una gran variedad de frutas.

Probóscide

Este es un dibujo del siglo pasado que muestra un pedazo de prado con algunas especies de mariposas europeas reunidas alrededor de su comida favorita: dientes de león, cardos y algunas hierbas. Si se cultivan las plantas que les gustan, se pueden atraer mariposas hasta el jardín.

# Índice

# Iconografía

s = superior   c = centro   i = inferior
iz = izquierda   d = derecha

Ardea London: 26id; 27id; 35sc; 37cd; 50ciz; 51cd, id; 52cd; 55ciz, iiz; 57cd
The Bridgeman Art Library: 6siz; 24s
The Trustees of the British Museum: 6id
The British Museum (Natural History): 58s, c
Professor Frank Carpenter: 6iiz
E.T. Archives: 12s; 49cd
Fine Art Photographs: 63id
Heather Angel: 26iiz; 27iiz
Jeremy Thomas/Biofotos: 31sd
Mansell Collection: 14s; 40s, iiz

Mary Evans Picture Library: 10s; 40sd; 56siz; 60siz
Oxford Scientific Films Ltd: 11iiz; 45cd; 55c, cd; 56c; 59siz
Paul Whalley: 29sc; 38ciz; 59ic; 61sd
Quadrant Picture Library: 44ciz
Royal Botanic Gardens, Kew: 33c
Sonia Halliday Photographs: 40c

**Ilustraciones de:** Coral Mula: 61, 62-63; Sandra Pond: 50-51; Christine Robins: 16-17, 18-19, 28-29, 30, 32

**Documentación gráfica:** Millie Trowbridge

**Han colaborado:**
El personal de la London Butterfly House: Tom Fox y David Lees.
El personal del British Museum (Natural History), especialmente Mr. P. Ackery, Mr. D. Carter, Miss J. Goode, Mr. C. Owen, Mr. C. Smith y Mr. A. Watson.
Colin Mays, de Worldwide Butterflies; Stephen Bull, Fred Ford, y Mike Pilley, de Radius Graphics.